Previdência ou IMPREVIDÊNCIA?

P944　　Previdência ou imprevidência? / Adroaldo Furtado
　　　　Fabrício ... [et al.]; org. Maria Isabel Pereira da
　　　　Costa, — 2. ed. — Porto Alegre: Livraria do Advo-
　　　　gado, 2003.
　　　　183p.; 14x21cm.
　　　　ISBN 85-7348-269-9

　　　　　　1. Previdência Social. 2. Direito Previdenciário.
　　　　3. Previdência privada. 4. Previdência complemen-
　　　　tar. I. Fabrício, Adroaldo Furtado. II. Costa, Maria
　　　　Isabel Pereira da.

　　　　　　　　　　　　CDU 368.4

　　　　　Índice para o catálogo sistemático:

　　　　Previdência Social.
　　　　Direito Previdenciário.
　　　　Previdência privada.
　　　　Previdência complementar.

(Bibliotecária Responsável: Marta Roberto, CRB-10/652)

Previdência ou (IM)PREVIDÊNCIA?

Adroaldo Furtado Fabrício
Bruno Sérgio de Araújo Hartz
Bernard Appy
Celso Antônio Bandeira de Mello
Cláudio Baldino Maciel
Dalmo de Abreu Dallari
Guinther Spode
Jorge Eduardo Levi Mattoso
José Aquino Flôres de Camargo
Luiz Felipe Silveira Difini
Luiz Gonzaga de Mello Belluzzo
Magda Barros Biavaschi
Marion Cecília Martins Blos
Renato Von Mühlen

Maria Isabel Pereira da Costa
(organizadora)

2ª edição

livraria
DO ADVOGADO
editora

Porto Alegre 2003

© Associação dos Juízes do Rio Grande do Sul - AJURIS
abril/2003

Presidente:
José Aquino Flôres de Camargo

Vice-Presidentes:
Administrativo – Carlos Rafael dos Santos Júnior
Social – Joel Sani Scheva
Cultural – Elisa Cánovas Teixeira
Patrimônio e Finanças – Ícaro Carvalho de Bem Osório

Publicação da Assessoria Especial da Presidência

Assessora Responsável: Maria Isabel Pereira da Costa

Colaboradora: Letícia Gobbi

Capa, projeto gráfico e diagramação
Livraria do Advogado Editora

Revisão
Rosane Marques Borba

Direitos desta edição reservados por
Livraria do Advogado Ltda.
Rua Riachuelo, 1338
90010-273 Porto Alegre RS
Fone/fax: 0800-51-7522
info@doadvogado.com.br
www.doadvogado.com.br

Impresso no Brasil / Printed in Brazil

Prefácio da 1ª edição

Seguro Social, Previdência Social, Solidariedade Social são expressões que se complementam reciprocamente e que têm em comum o fulcro na pessoa humana enquanto ser social, necessitado da convivência para sua plena realização e devendo encontrar na convivência a garantia de sua dignidade. Basta atentar para esses pontos básicos para que se perceba o equívoco, a tremenda impropriedade e o risco de agressão à própria dignidade humana quando se pretende reduzir a questão do sistema de Previdência Social a um simples jogo econômico-financeiro, como vem fazendo agora o governo brasileiro.

Com efeito, argumentando com o aumento do número de aposentados – maliciosamente chamados com insistência de "inativos" para acentuar que são pessoas que não trabalham – os pretensos especialistas do governo promovem uma propaganda que os modismos de nossa época permitem chamar de terrorista, falando no colapso do sistema de previdência se ele não for privatizado, se o dinheiro dos contribuintes compulsórios da previdência não for entregue ao sistema privado de seguros, acoplado ao sistema bancário, para uma salvadora gestão de recursos. Quem atentar para esse ponto já verá quanto de impropriedade e de má-fé está presente na argumentação dos que sustentam, com grande ênfase, as propostas de privatização. Realmente, se o problema será o aumento do número de aposentados, é difícil perceber como tal problema deixará de existir pela simples transferência dos recursos e da sua gestão aos agentes financeiros privados.

O que não se quer admitir, porque não convém admitir, é que tem havido falhas no sistema de arrecadação e gestão dos recursos da Previdência. Muitas vezes a imprensa já informou sobre a tremenda sonegação, aliada a práticas de apropriação indébitas, por empresários, de contribuições compulsoriamente descontadas dos salários dos trabalhadores e que jamais chegam aos cofres da previdência. A par disso há também falhas muito graves ná destinação dos recursos arrecadados, como tem ficado evidente por alguns casos de fraude levados ao conhecimento público e que estão muito longe de mostrar um trabalho sério e competente para correção dos desvios e punição de todos os responsáveis.

Outro fator de crise da Previdência seria a gestão incompetente das altíssimas somas arrecadadas pelo sistema previdenciário, não se tendo feito aplicações que teriam assegurado o aumento do capital nominal acumulado, compensando o desgaste provocado pela inflação e pelo aumento dos ônus decorrente do crescimento do número de aposentados. A isso se deverá acrescentar que o Executivo federal tem usado e abusado da transferência irregular dos recursos da Previdência para tapar os seus rombos de caixa, o que não tem apoio legal e, obviamente, tem contribuído para a imagem de deficiência dos recursos financeiros da Previdência. Por último, é possível que tenham errado os especialistas em atuária que nas últimas décadas fixaram os montantes das contribuições compulsórias dos trabalhadores públicos e privados, o que leva à suspeita inevitável de que os atuais especialistas também poderão estar errados quando apresentam os seus cálculos catastróficos ou salvadores.

Por tudo isso, e por muito mais que se poderia adicionar, fica mais do que evidente que a pretensão de privatizar o sistema de Previdência Social, considerando apenas os dados econômico-financeiros e ignorando os princípios inspiradores da criação do sistema, é absolutamente inaceitável. A questão já tem sido objeto de amplos debates e é geral o reconhecimento de que existem deficiências que devem ser corrigidas. Isso, entretanto, não pode significar o abandono dos princípios e o tratamento do tema como um problema puramente econômico-financeiro, como pretende o Fundo Monetário Internacional, a cujas metas se tem curvado, de maneira vergonhosa e com flagrante ofensa à Constituição, o governo brasileiro. A Moção de Repúdio a essa pretensão, elaborada pela diretora do Departamento de Assuntos Constitucionais da AJURIS e já aprovada por grande número de magistrados brasileiros, deixa evidente a recusa de aceitação desse grave desvio, ao mesmo tempo em que chama a atenção para a possibilidade de correção das falhas sem abandono dos princípios fundamentais.

A coletânea de trabalhos aqui reunida oferece elementos para conhecimento dos principais aspectos do problema e para uma reflexão corretamente fundada em dados e princípios compatíveis com as exigências de preservação da dignidade humana. Discuta-se a reforma do Sistema de Previdência Social, corrijam-se as distorções que têm prejudicado gravemente o Sistema, mas que isso seja feito com clareza e com absoluto respeito pelos princípios e normas da Constituição, dando-se prioridade às necessidades, aos direitos fundamentais e às exigências éticas da pessoa humana.

Prof. Dr. Dalmo de Abreu Dallari

Prefácio da 2ª edição

A reforma da Previdência Social foi tema constante na grande imprensa brasileira nos últimos anos, o que, entretanto, está longe de significar que tenha havido a preocupação de esclarecer o povo, apontando as deficiências e os vícios, condenando a inércia do governo e denunciando a submissão do tema, que é da mais alta relevância humana social, ao objetivo, posto como prioritário, da privatização.

Na realidade, o que se tem visto é o tratamento do assunto em tons catastróficos, numa prática que, para usar uma expressão da moda, configura verdadeiro terrorismo. Coloca-se em manchete a advertência de que aumentou o "buraco" ou o "rombo" da Previdência, insistindo-se na previsão de uma falência inevitável do sistema, se não for adotada a medida salvadora de transferi-lo para as mãos de instituições financeiras privadas de fins lucrativos. Não se diz uma palavra sobre a inércia absoluta do governo federal, que alardeia o descalabro, divulga números alarmantes e, no entanto, não anuncia qualquer esforço sério no sentido de coibir as gravíssimas falhas, tantas vezes comentadas na imprensa, relativas à arrecadação, à gestão e à destinação dos recursos previdenciários. Também não se tem procurado explicar por que motivo o governo federal, que conseguiu *quorum*, altíssimo, necessário para aprovação de grande número de emendas constitucionais, não fez qualquer esforço para apressar a tramitação do projeto de reforma da Previdência. E também não se fala de quanto dinheiro o governo deve à Previdência, por transferências efetuadas no correr dos anos.

É do conhecimento público que existe elevado índice de sonegação, bem como de apropriação indébita de recursos da Previdência por empresas que descontam a contribuição previdenciária do salário de seus empregados e não fazem o recolhimento devido. Não se explica porque as altíssimas somas arrecadadas, e que não são imediatamente despendidas, não são geridas pelo mesmos métodos que permitem às instituições bancárias figurarem entre as atividades mais lucrativas do Brasil. Não se cobra, também, do governo a adoção de providências sérias e competentes visando à correção de distorções ilegais no pagamento de benefícios, limitando-se a imprensa a explorar com escândalo alguns casos, com o único propósito de sustentar o argumento de que o sistema público é ruim e é ruim porque é público.

O dado novo no noticiário é a constatação, fundada em números fornecidos pelos órgãos da Previdência, de que a arrecadação diminuiu e as despesas aumentaram. Evidentemente, com o aumento do desemprego é inevitável a redução do número de contribuintes, como também não há como evitar que o desempregado que já preencha as condições legais peça a aposentadoria, pois é quase nula a hipótese de um novo emprego. Isso tudo só reforça a conclusão de que a orientação neoliberal do governo brasileiro e sua submissão ao Fundo Monetário Internacional foram desastrosas para as condições econômicas do povo brasileiro e, por repercussão, para o sistema previdenciário.

A publicação deste livro é uma valiosa contribuição da AJURIS para estímulo a um debate público dessa temática, que é da máxima relevância para a proteção da dignidade do povo brasileiro. O fato de ser necessária, em curtíssimo prazo, uma nova edição da obra é sinal muito positivo, demonstrando que existe enorme interesse pelo assunto, e que o enfoque dado no livro atende às necessidades e expectativas de quantos desejam conhecer mais sobre o tema para que possam participar com segurança da discussão do problema visando a encontrar soluções eficazes e justas.

Prof. Dr. Dalmo de Abreu Dallari

Sumário

Apresentação da 2ª edição
José Aquino Flôres de Camargo 15

Apresentação da 1ª edição
Maria Isabel Pereira da Costa (org.) 17

Introdução
Maria Isabel Pereira da Costa (org.) 19

1. Projeto de privatização da previdência
   Luiz Felipe Silveira Difini 27

2. Previdência e dignidade humana
   Dalmo de Abreu Dallari 33

3. Previdência: o modelo e a gestão
   Adroaldo Furtado Fabrício 37

4. Mais um passo para o desmonte do Estado brasileiro
   Cláudio Baldino Maciel 41

5. Aposentadoria e pensões – regime de previdência complementar público
   Celso Antônio Bandeira de Mello 45

6. Os problemas da previdência complementar para o setor público
   Luiz Gonzaga de Mello Belluzzo
   Bernard Appy 65

7. A questão da previdência complementar
   José Aquino Flôres de Camargo 83

8. Breves notas em torno das questões constitucionais que o art. 4º do PLC 9/99 suscita
   Bruno Sérgio de Araújo Hartz 91

9. Previdência social: a privatização do lucro e a
socialização do prejuízo
Guinther Spode 99

10. A privatização da previdência: quem ganha com isso
Magda Barros Biavaschi
Jorge Eduardo Levi Mattoso 107

11. O valor dos benefícios frente à conformação atuarial
do Sistema Geral da Previdência Social
Renato Von Mühlen 111

12. Quadro comparativo dos valores de aposentadoria
simulados no Regime Geral de Previdência Social
Marion Cecília Martins Blos 121

Conclusão
Maria Isabel Pereira da Costa (org.) 125

ANEXO I
- Nota oficial contra a privatização da Previdência
Pública brasileira 129
- Manifestação do Colégio Permanente de Presidentes
sobre a Reforma Previdenciária e o Poder Judiciário 131
- Manifestação da AJURIS no II Fórum Mundial de Juízes,
realizado em Porto Alegre de 20 à 22 de janeiro de 2003
Aprovada à unanimidade 136

ANEXO II - Legislação
- Emenda Constitucional nº 20, de 15.12.98 139
- Lei Complementar nº 108, de 29.05.01 149
- Lei Complementar nº 109, de 29.05.01 155
- Mensagem nº 494, de 29 de maio de 2001 174
- Projeto de Lei Complementar nº 9-a, de 1999 176

Apresentação da 2ª edição

JOSÉ AQUINO FLÔRES DE CAMARGO
Presidente da AJURIS

A reedição da obra "Previdência ou Imprevidência?" é demonstração inequívoca do seu sucesso. Trata-se de um tema atual e que, necessariamente, será enfrentado pela sociedade. A obra é a síntese do pensamento da AJURIS, envolvendo juristas de primeira linha no cenário nacional.

Inegavelmente, há necessidade de reforma. Contudo, nesse trabalho não se pode prescindir da análise das causas efetivas que levaram à quebra do sistema. Não existe alternativa que resista ao descontrole da gestão pública, aos desvios de verbas, enfim à má gestão.

O risco é que o "remédio" ministrado seja tão forte que mate o "paciente". A viga mestra do serviço público, o seu atrativo, sempre foi a estabilidade e a aposentadoria com dignidade. Em um país formado por desigualdades e injustiças sociais, o Estado e sua intervenção protecionista é imprescindível. Não é possível privatizar tudo, subjugando a cidadania à lógica do mercado.

Certamente, o lucro não é pecado, tampouco a idéia do capitalismo é descartada. Mas há que se atentar para a realidade social. Não se pode lançar todos dentro da disputa como se tivessem as mesmas possibilidades de sobrevivência.

A velhice digna é direito fundamental. Ela deve ser efetiva. A aposentadoria através do sistema público é necessária como forma de preservar a própria estrutura do serviço público. A presente publicação pretende chamar a atenção para o problema. E a AJURIS sente-se compromissada com essa luta.

Abril, 2003.

Apresentação da 1ª edição

MARIA ISABEL PEREIRA DA COSTA
Diretora do Departamento de Assuntos Constitucionais

É com a mais absoluta honra que a Associação dos Juízes do Rio Grande do Sul – AJURIS –, por seu Departamento de Assuntos Constitucionais, organiza e lança esta publicação intitulada *PREVIDÊNCIA OU IMPREVIDÊNCIA?*, constituída por uma selecionada coletânea de artigos, face a excelência de seus signatários.

A justificativa para o lançamento da presente obra é a necessidade de informar a todos os cidadãos e formadores de opinião sobre tão significativa alteração na vida profissional das pessoas, com o fim de preservar o direito fundamental à aposentadoria.

Contando com subsídios do mais alto nível, como é o caso dos artigos que compõem esta obra, a AJURIS não poderia sonegá-los ao conhecimento de todos. Com isto amplia-se a possibilidade de análise das alterações provocadas pela reforma do sistema previdenciário no Brasil.

A discussão sobre o tema é uma tentativa de reverter e dar novo encaminhamento ao sistema proposto para preservar não só o direito fundamental do cidadão, como corrigir as impropriedades do atual e do novo sistema, mostrando-se os desacertos e os riscos, não só para o Poder Público, como também para o setor privado.

Este empreendimento não é apenas um anseio da AJURIS, mas de todos os magistrados brasileiros, visto que a presente publicação recebeu o apoio unânime no IV Congresso de Magistrados Estaduais realizado em Bento Gonçalves, de 16 a 18 de agosto do corrente e no XVII Congresso Brasileiro de Magistrados, ocorrido em Natal, de 24 a 27 de outubro do corrente.

Nossos autores dispensam maiores apresentações, além de seus próprios nomes e o conteúdo de seus artigos.

Trazem-nos uma visão histórico-política do sistema previdenciário no Brasil; os princípios constitucionais que servem de parâmetro para a interpretação das normas relativas à matéria de cunho infraconstitucional; os impactos econômicos não só para o poder público, com a evasão de seus recursos, como também para os contribuintes e prováveis beneficiários; o princípio da boa-fé no trato dos assuntos previdenciários; a necessidade de melhor administração da previdência e os riscos da lógica privatista, sem qualquer responsabilidade do ente patrocinador; a aposentadoria como cláusula pétrea e como direito fundamental para assegurar o princípio do respeito à dignidade da pessoa humana e o desmonte do Estado Brasileiro, entre tantos outros aspectos.

Conclui-se a obra demonstrando que a AJURIS atingiu os objetivos propostos, com a presente publicação, ou seja, a análise feita pelos articulistas fez com que as principais alterações do sistema previdenciário se tornassem conhecidas, bem como suas conseqüências e principais distorções que inviabilizam o novo sistema. Demonstra-se, ainda, a ausência de qualquer garantia por parte do Poder Público ao cidadão e à sociedade brasileira de bom funcionamento do novo sistema e da concretização do direito à aposentadoria.

Dezembro de 2001.

Introdução

MARIA ISABEL PEREIRA DA COSTA

Graduada em Ciências Jurídicas e Sociais pela UNISINOS/RS, onde fez especialização em Direito Civil e mestrado em Direito Público. Graduada em Ciências Físicas e Biológicas pela UFRGS. Doutoranda pela Universidade Nova de Lisboa em Direito Internacional Público. Juíza de Direito aposentada. Advogada Previdenciarista. Professora na Faculdade de Direito da UNISINOS, da ULBRA/RS, da PUC/RS e da Escola Superior da Magistratura. Ex-Diretora do Departamento de Assuntos Constitucionais (2000-2001) e atual Assessora Especial da Presidência da AJURIS.

A Associação dos Juízes do Rio Grande do Sul, mais uma vez, na tentativa de preservar o direito fundamental à aposentadoria, não só para os funcionários públicos, como, também, para todos os cidadãos brasileiros, reedita esta obra (revisada e ampliada) com o objetivo de demonstrar que não se solucionarão os problemas previdenciários privatizando-se as aposentadorias e pensões tanto do serviço público como do Regime Geral da Previdência Social, entregando-as aos fundos complementares privados e companhias de seguro, sujeitando-as ao regime de incertezas e oscilações do mercado financeiro.

O trabalho vem estruturado em vários artigos da lavra de expoentes da cultura jurídica nacional.

Nossos autores ressaltam a necessidade de se pensar mais profunda e maduramente sobre a crise previdenciária, tentando-se aprender com a História antes de se estabelecerem conclusões definitivas que venham trazer prejuízos irreparáveis aos cidadãos e trabalhadores brasileiros.

O primeiro artigo, intitulado *O Projeto de Privatização da Previdência*, de autoria do Desembargador Luiz Felipe Silveira Difini, entre outros aspectos, trata, especialmente, do ímpeto reformador antidireitos sociais e pró-lucro que insiste em desarticular a previdência pública visando ao filão milionário que será transferido do setor público para o setor privado.

Dalmo de Abreu Dalari, que nos honrou ao prefaciar as duas edições desta obra, escreve o artigo *Previdência e Dignidade Humana*, no qual destaca a ofensa óbvia à Constituição Federal quando se pretende afrontar o dispositivo constitucional que estabelece o direito à aposentadoria com proventos integrais, como está expresso no art. 40 e no art. 5º, inciso XXXVI, segundo o qual "a lei não prejudicará o direito adquirido, o ato jurídico e a coisa julgada".

Dalari assegura que sujeitar o servidor ao sucesso de investimentos feitos por entidade privada que ele não conhece nem controla é uma ofensa à dignidade humana, princípio expresso no art. 1º, inciso III, da Constituição Federal.

O Desembargador Adroaldo Furtado Fabrício escreve o artigo *Previdência: O Modelo e a Gestão*, no qual critica, com grande propriedade, como lhe é peculiar, as investidas contra o modelo de previdência quando o problema está na gestão e na fiscalização dos recursos destinados aos benefícios e à formação das reservas.

O Presidente da Associação dos Magistrados Brasileiros (AMB), Desembargador Cláudio Baldino Maciel, em seu artigo *Mais um Passo para o Desmonte do Estado Brasileiro*, nos alerta para o permanente desequilíbrio das contas previdenciárias que não são controladas pelo governo e são apontadas como justificativas para a privatização da previdência, fragilizando o serviço público, removendo princípios de direito, minimizando a segurança jurídica da sociedade, retirando o sustento da ordem democrática e do Estado de Direito.

Celso Antônio Bandeira de Mello, constitucionalista de renome internacional, faz um estudo aprofundado sobre os direitos previdenciários dos atuais e futuros servidores públicos no artigo intitulado *Aposentadoria e Pensões – Regime de Previdência Complementar Público* afirmando que o regime de previdência dos servidores públicos, complementar ou não, será obrigatoriamente público, mantido e garantido pela própria pessoa pública que o instituiu.

Dentre outros aspectos, assegura que o texto constitucional estabelece para os servidores públicos titulares de cargos efetivos, da União, dos Estados, do Distrito Federal e dos Municípios, respectivas autarquias e fundações, a garantia de aposentação com proventos integrais, assegurados no art. 40, § 3º, da Constituição Federal, com a ressalva das hipóteses contempladas no § 1º, incisos I, II e III, letra "b", do mesmo artigo, caso em que ditos proventos serão proporcionais, não podendo os sujeitos governamentais transferir a terceiros as suas responsabilidades na matéria, sem com isto ofenderem a Constituição Federal.

Também buscamos demonstrar os reflexos econômicos e atuariais tanto para o Poder Público como para o beneficiário da Previdência através do artigo escrito pelos renomados economistas Luiz Gonzaga de Mello Belluzzo e Bernard Appy, intitulado *Os Problemas da Previdência para o setor público*. Dentre tantos inconvenientes apontados nesse artigo, destacamos o impacto financeiro não só para os servidores como também para os cofres públicos com a mudança do regime próprio para o regime complementar que a reforma previdenciária, na forma como está sendo proposta, poderá acarretar.

Para os servidores, Belluzzo e Bernard Appy afirmam que um dos principais problemas é o provável interesse do governo em elevar as alíquotas do regime próprio para induzir a adesão dos atuais servidores ao regime de previdência complementar e, nesse aspecto, poderão ser até mais penalizados que os trabalhadores do setor privado. Isto sem falar que, na modalidade de contribuição definida e benefício indefinido, o benefício poderá ser inferior ao último salário, principalmente se não for permitida a vinculação do valor dos benefícios à remuneração efetiva do servidor.

Quanto ao setor público, asseguram os mesmos autores que *a mudança do regime próprio para o regime complementar tem um impacto negativo para as contas públicas no curto prazo, na medida em que o governo tem de continuar mantendo os benefícios dos servidores já aposentados, deixa de arrecadar as contribuições (sobre a parcela dos salários superior ao limite RGPS) dos servidores que aderirem ao regime complementar e tem um gasto adicional, na medida em que é obrigado a contribuir para o regime complementar em montante igual ao da contribuição dos servidores.*

E seguem os autores apontando os efeitos negativos da reforma também a longo prazo, preocupados com a confusão feita pelo governo entre responsabilidade fiscal com a assunção de responsabilidade.

José Aquino Flôres de Camargo, no artigo *A Questão da Previdência Complementar*, alerta para os riscos dos investimentos das entidades fechadas que arrecadarão as contribuições previdenciárias, pois, sendo entidades fechadas de direito privado, nenhuma regra da administração pública lhes será aplicável.

Entre outros aspectos, ressalta o sucateamento e o verdadeiro desmonte do serviço público que a reforma poderá acarretar se feita nos termos propostos.

Bruno Sérgio de Araújo Hartz assegura que o funcionário público, ao ingressar no serviço público, fez uma opção de vida, porém poderia ter feito qualquer outra opção fora do serviço público. Fez o concurso mediante a promessa das leis de que teria um regime de remuneração e de aposentadoria. Baseados na presumível boa-fé dos governantes, enquanto órgãos do Estado, que é seu avalista, muitos ingressaram na função pública. Portanto, a boa-fé não pode ser burlada, enveredando a legislação por caminhos que subvertam o regime.

Na seqüência, temos o artigo escrito pelo Desembargador Guinther Spode, ressaltando que, segundo o modelo sugerido e já aprovado em seus termos genéricos através da Emenda Constitucional nº 20, os entes públicos arcarão com o passivo e, daqui para frente, submeter-se-ão todos os servidores públicos a pesadas contribuições para Fundos de Previdência ou empresas privadas, transferindo esta estupenda receita dos cofres públicos para a iniciativa privada, socializando-se o prejuízo e privatizando-se o lucro, concentrando-se ainda mais as riquezas nas mãos de poucos.

O servidor é um empregado do contribuinte, mas o ente público a que está vinculado é que tem o dever de prover a sua previdência, por isso esta é e deve continuar sendo pública.

No artigo intitulado *A privatização da Previdência: Quem ganha com isso?*, escrito por Jorge Eduardo Levi Mattoso e Magda Barros Biavaschi, quem ganha com a privatização da previdência seriam as empresas privadas, os fundos de pensões e as seguradoras. Asseveram que *um dos efeitos da busca sem fim do Estado Mínimo – empreendida pelos governos que aceitaram passivamente os ditames do consenso de Washington – tem sido a profunda mercantilização da esfera pública. Como um retorno ao século XIX, busca-se reduzir o poder da comunidade e de suas regulações e assegurar que os indivíduos, despojados da proteção das instituições, voltem a sucumbir à força bruta da tirania dos mercados.*

Apoiados no artigo de Belluzzo e Bernad Appy, afirmam que as contas públicas sofrerão sérios danos sem arrecadar as contribuições dos que aderirem ao novo sistema, arcando com o gasto adicional decorrente da parcela de contribuição obrigatória ao regime complementar e mantendo os benefícios dos já aposentados, tanto pior será o impacto negativo quanto maior for a adesão ao regime. Os municípios terão dificuldades de caixa.

Asseguram que ao conjunto da sociedade se oculta o que verdadeiramente está em jogo, ou seja, a mercantilização da esfera pública e as exclusivas formas de seleção com base no dinheiro, passando os trabalhadores a rezarem pela eficiência das bolsas para que suas oscilações não esvaziem as suas condições de vida.

Os dois últimos artigos que compõem esta obra têm como objetivo demonstrar matematicamente os efeitos da reforma previdenciária para os beneficiários e seus dependentes.

Renato Von Mühlen, no artigo *O valor dos benefícios frente à conformação atuarial do Sistema Geral da Previdência Social*, demonstra que a seguridade social não pode estar falida como vem anunciando a grande imprensa, visto o volume de arrecadação de contribuição previdenciária que passou de 34% da receita tributária da União para 110/120%, tendo oscilado em 1995 a mais de 148%, isto é, a quase vez e meia de tudo quanto arrecadou a União com todos os seus tributos.

De outra parte, assegura que as mudanças introduzidas pela Emenda Constitucional n° 20/98 deram início a uma verdadeira revolução nos benefícios da Previdência Social. Ressalta-se, entre outros aspectos levantados pelo autor, o fator previdenciário que se constitui num impedimento natural ao requerimento de benefícios junto à Previdência Social; o segurado que tiver pouca idade, pela conjugação de fatores, quanto mais aguardar para pleitear o benefício, menor será o valor de sua renda mensal, etc.

Marion Cecília Martins Blos, além de outros destaques, demonstra a discriminação impetrada contra a mulher, com a reforma, porque para a obtenção do fator previdenciário aplica-se a idade real da segurada, sem o bônus de 5 anos.

Além dos artigos acima referidos, a obra contém os anexos I e II. No anexo I, temos a Nota Oficial da AJURIS que, embora elaborada no ano de 2000, na época que a reforma estava sendo proposta pelo Presidente Fernando Henrique Cardoso, período em que o Partido dos Trabalhadores fazia oposição ferrenha à entrega da Previdência à tirania do mercado privado, que se mantém atual agora com a reforma proposta pelo PT. E, temos também, manifestação do Colégio Permanente de Presidentes dirigida ao Excelentíssimo Ministro da Previdência Social Ricardo Berzoini. E, ainda, manifestação da AJURIS apresentada no II Fórum Mundial de Juízes, realizado em Porto Alegre/RS, de 20 a 22 de janeiro de 2003, aprovada à unanimidade, que trata da atual conjuntura da reforma previdenciária repudiando manifestações preconceituosas e divisionistas da sociedade brasileira ao não distinguir privilégios de direitos legitimamente adquiridos. Ressalta a posição do Ministro Tarso Genro que, em audiências públicas, tem acentuado a sua inquebrantável visão de previdência pública, perfeita noção de direito adquirido e clara distinção entre privilégio e prerrogativa.

Também traz no anexo II legislação pertinente à reforma, tais como a Emenda Constitucional nº 20/98, as Leis Complementares nº 108/2001 e 109/2001, além do substitutivo aprovado e os destaques ao PL 09/99.

Embora o Partido dos Trabalhadores sempre tenha assegurado que o seu principal objetivo é a garantia dos direitos sociais e dos direitos fundamentais dos cidadãos, ouvem-se notícias, que teriam partido da equipe do novo governo e, na contramão da história do PT, de que se pretende estabelecer um regime único de aposentadorias, com eliminação da paridade entre os vencimentos e proventos, em flagrante desrespeito ao direito adquirido durante longos anos de contribuição.

É difícil acreditar que o Partido dos Trabalhadores, que elegeu um Presidente cercado de expectativas de respeito à cidadania dos brasileiros, se deixe envolver pelo engodo propugnado pelo capital financeiro, permitindo com isto a total destruição de qualquer possibilidade de envelhecimento digno dos brasileiros, pois quem ganha com a privatização da previdência?

Tarso Genro, quando era Prefeito de Porto Alegre, manifestava-se pela adoção de um regime previdenciário de natureza pública. Assim, espera-se que, como Secretário do Desenvolvimento Econômico e Social, com *status* de Ministro, e coordenador do processo da reforma previdenciária do governo Luiz Inácio Lula da Silva, mantenha, também em nível nacional, o regime público de Previdência Social.

Veja-se a importância do que foi destacado pelos autores citados acima, isto é, a minimização do Estado, fazendo com que os indivíduos sejam despojados da proteção das instituições, sucumbindo à força bruta do mercado. É o que está prestes a acontecer com a Previdência Social no Brasil. Sob o pretexto da inviabilidade do sistema, destruir-se-á qualquer possibilidade de viabilização de um envelhecimento com dignidade.

Conclui-se a obra com a certeza de que os objetivos foram plenamente atingidos, tanto que foi necessária a sua reedição apesar de uma tiragem inicial de 3.000 exemplares, pois tanta é a procura.

Os autores demonstram, com toda a clareza, as conseqüências e distorções de uma reforma previdenciária que inviabilizará a concretização do direito fundamental à aposentadoria e descapitalizará o Estado e, certamente, abalará os pilares do Estado Democrático de Direito Brasileiro.

1. Projeto de privatização da previdência

LUIZ FELIPE SILVEIRA DIFINI
Magistrado, Presidente da AJURIS

O projeto político que chega ao fim de período de oito anos com severo julgamento da Nação, elencou várias prioridades de "reforma" da sociedade brasileira. A primeira delas foi a chamada reforma previdenciária. Não por acaso em vários outros países latino-americanos (Chile, Argentina e Uruguai são os exemplos mais visíveis), com a mesma fonte inspiradora, além-fronteiras, faziam-se, coordenadamente, processos de privatização dos respectivos sistemas previdenciários. Em todos, a mesma lógica: retardar aposentadorias, reduzir seus valores, eliminar direitos sociais e a responsabilidade do Estado pelos sistemas de seguridade social. Lançar também os servidores públicos ao mercado segurador privado que receberia, sem qualquer disputa, extraordinário filão de lucro. Quanto aos "beneficiários" que haviam contribuído uma vida inteira, na expectativa de uma inatividade e velhice dignas, que fossem buscar "no mercado" – este insondável demiurgo da nova ordem mundial – o benefício que pudessem comprar depois de garantido o lucro daquele oligopolizado negócio.

Regredia-se, com isto, à máxima de "cada um segundo suas possibilidades" ou, no linguajar popular, "cada um por si". A ânsia do lucro parecia destinada a apagar os ideais de solidariedade, generosamente construídos pelo que de melhor existiu na humanidade e substituí-los pelo individualismo e pelo egoísmo.

A lição do grande mestre de todos nós, que foi João Antônio Pereira Leite, escrevendo nos anos 70, merece ser sempre lembrada, pela lição de humanidade que encarna:

> "A erradicação da necessidade como alvo da política social mas transformada em direito subjetivo é algo novo e distinto do seguro social. A seguridade social (ou a previdência social assim transfigurada) obedece a uma filosofia que, como quer De Ferrari, impõe simplesmente a reparação em favor do necessitado 'sem perguntar-lhe quem é nem qual é a causa de sua desgraça ou de sua dificuldade, deixando em qualquer caso à sociedade a obrigação de manter o decoro da existência humana'.
>
> A segurança social, mais do que um realidade exterior, é uma idéia – força, adverte Perpiña Rodriguez. Concepção carregada de pensamentos, sentimentos e volições, em virtude desta 'força' vem a ser mais que uma idéia de laboratório ou uma utopia sem impregnação de realidade. Sua força ideal nela introduz uma tensão que a impulsiona sempre mais adiante. 'A utopia do passado convertida em realidade de ontem, considera-se hoje uma injustiça, enquanto resulta em proteção incompleta ou insuficiente.'" (*Curso Elementar de Direito Previdenciário*. LTr, São Paulo, 1977, p. 27.)

A lógica do modelo político-econômico que se tenta impor à Nação é bem diversa e menos generosa.

Por primeiro, veio a Reforma da Previdência em nível constitucional que, afinal, resultou na Emenda Constitucional nº 20. É certo, porém, que o resultado final não foi aquilo que os paladinos das reformas dos negócios esperavam. A resistência da sociedade civil brasileira acabou, embora limitadamente, encontrando eco no Parlamento, e a reforma, afinal, embora restritiva de direitos, foi menos radical do que queriam os apologistas do lucro sobre o bem-estar social: foi mantida a aposentadoria exclusivamente por tempo de contribuição para o setor privado e a paridade entre rendimentos na atividade e proventos de aposentadoria no serviço público.

O ímpeto reformador antidireitos sociais e pró-lucro privado amargou uma derrota, mas não desistiu. Aliás, não se pode lhe negar persistência. Como na votação da Emenda Constitucional nº 20 fora derrotado o destaque ao dispositivo (art. 40, § 14 do texto da Constituição reformada) que previa instituição de regime de previdência complementar, com restrição do benefício de aposentadoria a ser pago pelo Poder Público ao limite máximo do regime geral para atividades privadas, o Executivo remeteu ao Congresso Nacional, e submeteu a discussão e votação sob regime de urgência, os projetos de instituição do regime de previdência complementar, especialmente o PLP nº 09, ainda em regime de votação (dos destaques) na Câmara dos Deputados, quando se redige o presente.

O projeto institui regimes de previdência complementar, limita o benefício das aposentadorias e pensões pagas pelo Poder Público ao valor máximo do regime geral para atividades privadas. Tal regime é obrigatório para os servidores que ingressarem no serviço público após sua instituição e aplicável, por opção, aos atuais funcionários. O aporte dos patrocinadores (União, Estados e Municípios) será igual à contribuição dos beneficiários (o que por si só inviabiliza atuarialmente o regime; todos os estudos indicam necessidade de contribuição do patrocinador ao menos de dois por um em relação ao participante). Os planos deverão ser de contribuição definida (e de benefício indefinido, não havendo, pois, qualquer garantia do valor do benefício a ser percebido na inatividade, com o que se desatende à integralidade, constitucionalmente assegurada). Quando da aquisição do benefício, as reservas podem ser transferidas à "sociedade seguradora", com o que o projeto começa a mostrar sua face lucrativa (para poucos, é claro) e é facultado ao Poder Público desincumbir-se dos ônus de arcar com o benefício relativo ao tempo de serviço anterior à instituição do novo regime, mediante o aporte de reserva, atuarialmente calculada, o que significará fantástica transferência de recursos públicos para o setor privado.

A AJURIS, em nossa gestão, desde o primeiro momento, denunciou o projeto pela desestruturação do serviço público, desgarantia a servidores e privatização do sistema previdenciário, transformado de idéia de garantia do assalariado em negócio que visa ao lucro.

Este volume reúne vários dos textos levados à sociedade e ao Congresso, demonstrando a inconveniência do Projeto, que não atende ao interesse público, mas ao interesse privado de poucos, a par de sua inconstitucionalidade, pois face ao disposto no art. 40, § 3º, da Constituição, objeto de votação histórica na Câmara dos Deputados, qualquer regime previdenciário para o setor público terá de assegurar, na inatividade, proventos correspondentes à totalidade da remuneração na ativa, de responsabilidade do Estado.

A resistência começa a produzir frutos, como se vê da votação de alguns dos destaques. Importantes vitórias foram obtidas, como o reconhecimento de a questão previdenciária dos membros do Poder Judiciário dever ser tratada no Estatuto da Magistratura, de iniciativa do Supremo Tribunal Federal e a retirada do dispositivo que permitia a transferência das reservas a sociedades seguradoras (conhecido como "portabilidade"). Tais conquistas são importantes, mas não suficientes. Continuamos, por todos os meios a nosso alcance – um dos quais é esta publicação – a denunciar o projeto de privatização – entrega ao lucro privado, como sói – da seguridade social brasileira. Nossa oposição ao projeto se faz porque é ruim para o serviço público, para a idéia de bem-estar social, para os servidores, para a garantia dos assalariados, para o Estado e para a sociedade e é bom para o lucro de poucos que pretendem abocanhar um filão milionário. Ao fazê-lo, colocamos nossa voz e as tribunas que temos a serviço da Nação. E não há honra maior do que falar à Nação para servi-la. É o que almeja esta publicação.

2. Previdência e dignidade humana

DALMO DE ABREU DALLARI
Coordenador da Cátedra UNESCO/USP de Direitos Humanos

Recebi e analisei os estudos e comentários que teve a grande gentileza de me remeter, relativos aos vários projetos que tramitam no Congresso Nacional, tendo por objeto a privatização da previdência social dos servidores públicos, tratando, entre outras coisas, dos Fundos de Pensão e Previdência Complementar para os servidores.

Tendo em conta a informação de que existe a probalidade de que o Projeto de Lei Complementar nº 9/99, através de Emenda Substitutiva Global do Plenário, seja submetido à votação dentro de alguns dias, pareceu-me necessário transmitir-lhe, desde logo, algumas observações sobre questões pontuais, de natureza constitucional, que não estão sendo consideradas e que, a meu ver, comprometem a validade jurídica do que está sendo proposto.

O primeiro ponto que me parece merecedor de especial atenção é a ofensa óbvia à Constituição, quando se pretende afrontar o dispositivo constitucional que estabelece o direito à aposentadoria *com proventos integrais*, como está expresso no artigo 40. Realmente, pelo que está sendo proposto, o montante do benefício poderá ficar na dependência da rentabilidade da carteira de fundo de investimento que será especialmente constituído. A par disso, existe a possibilidade de que se aprove um dispositivo determinando que as Entidades Fechadas de Previdência Privada contratem com entidades abertas de previdência complementar ou sociedades seguradoras de fins lucrativos a cobertura de vários benefícios.

Ora, o § 3º do artigo 40 da Constituição é bastante claro quando dispõe que os proventos da aposentadoria, atendidos certos requisitos que a própria Constituição estabelece, *corresponderão à totalidade da remuneração*. O servidor foi admitido no serviço público e sofreu descontos nos seus vencimentos, nos montantes estabelecidos pelos especialistas em atuária, nunca se tendo dado aos servidores a possibilidade de participarem das decisões sobre a destinação das quantias compulsoriamente arrecadadas. É evidente que os proventos passarem a depender do rendimento das reservas acumuladas, o que significa, em outras palavras, se passarem a depender do "jogo do mercado", estará sendo criada uma incerteza, anulando-se o direito aos proventos integrais, correspondentes à totalidade da remuneração.

Além da ofensa ao referido artigo 40 da Constituição, entendo que estará sendo ofendido, também, o artigo 5º, inciso XXXVI, segundo o qual "a lei não prejudicará o direito adquirido, o ato jurídico perfeito e a coisa julgada". Com efeito, admitido regularmente no serviço público, o servidor adquire direitos e assume obrigações. Quanto à aposentadoria, o direito de aposentar-se com proventos que correspondam à totalidade da remuneração é adquirido no momento em que o servidor é empossado num cargo efetivo. O gozo desse direito fica sujeito ao atendimento de certos requisitos, que a própria Constituição estabelece, mas o direito já existe e se incorpora ao acervo de direitos individuais do servidor. Desde que o servidor cumpra as obrigações assumidas ao empossar-se no cargo e uma vez atendidos os requisitos constitucionais, pode entrar no gozo do direito, não podendo a Administração Pública, por ato unilateral, alterar ou extinguir esse direito, que nem a lei poderá prejudicar.

Segundo entendo, nem mesmo por via de emenda constitucional o direito do servidor público à aposentadoria com vencimentos integrais poderá ser reduzido ou eliminado. Nos termos do artigo 60, § 4º, inciso IV, a Constituição proíbe a deliberação sobre proposta de emenda *tendente a abolir os direitos e garantias individuais*. O direito à aposentadoria com vencimentos integrais, previsto na Constituição e que o servidor adquire ao ingressar no serviço público, é direito individual que se incorpora ao seu patrimônio. Assim, pois, nem através de emenda constitucional ele poderá ser abolido, o que reforça a conclusão de que é inconstitucional a lei complementar ou ordinária que pretenda aboli-lo.

Por último, cabe ainda lembrar que o direito à aposentadoria nos termos previsto na Constituição é necessário para assegurar ao servidor um fim de vida digno, após muitos anos de dedicação ao serviço público. O direito à aposentadoria com vencimentos integrais é assegurado para que o servidor, na última etapa de sua vida, não seja forçado a rebaixar sua qualidade de vida, sofrendo privações e humilhações que afrontem sua dignidade humana. Por esse motivo, pode-se sustentar que o projeto de privatização da previdência social dos servidores públicos, sujeitando o servidor aposentado ao sucesso de investimentos feitos por uma entidade privada de fins lucrativos, que o servidor não conhece nem controla, vale dizer, sujeitando a manutenção da qualidade de vida do servidor aposentado ao "jogo de mercado", é uma ofensa à dignidade humana. E desse modo contraria um princípio fundamental da República Federativa do Brasil, expresso no artigo 1º, inciso III, da Constituição, que é justamente "a dignidade da pessoa humana".

São esses os comentários que me ocorrem neste momento, numa análise sucinta dos pontos fundamentais dos projetos em tramitação. Com mais vagar e se houver necessidade, poderei fazer um exame mais preciso e pormenorizado, parecendo-me, entretanto, conveniente e oportuno suscitar agora as questões aqui expostas, em defesa da Constituição, dos direitos e da dignidade humana dos servidores públicos.

São Paulo, 2 de novembro de 2000.

3. Previdência: o modelo e a gestão

ADROALDO FURTADO FABRÍCIO
Doutor em Direito Processual Civil na UFRGS. Desembargador aposentado. Ex-Presidente do Tribunal de Justiça do RS. Ex-Vice-Presidente do Tribunal Regional Eleitoral do RS e Corregedor Regional Eleitoral. Advogado. Professor de Direito Processual Civil na Escola Superior da Magistratura do RS.

A quebra dos sistemas estaduais de previdência pública reproduz, em escala diversa, mas com ingredientes muito semelhantes, a fragorosa derrocada do correspondente sistema nacional. E os diagnósticos que têm surgido assemelham-se sobremaneira à avaliação simplista e apressada das causas do fracasso deste: o vício é do "modelo", centrado no caráter público do sistema.

Assim é que se debita mais um insucesso à sempre apregoada ineficiência do Estado; as loas tecidas à decantada superioridade de tudo o que é privado fazem um coro ensurdecedor que embaraça a percepção correta do problema. A culpa toda seria do Estado-pai, que distribuiu benesses excessivas e incompatíveis com as forças do sistema; a solução seria entregar ao miraculoso poder de auto-regulação do mercado mais esse lucrativo campo de atuação, afastando o poder público inepto e perdulário. Mas é preciso pensar mais maduramente e, principalmente, tentar aprender com a História, antes de estabelecer conclusões definitivas.

Quando se instituiu no País a previdência pública, *in genere*, foi previsto o seu custeio mediante uma contribuição de três fontes, todas de igual volume: a dos empregados, a dos empregadores e a do erário. Como é notório, este último jamais cumpriu a sua parte, de modo que, ao longo de muitas décadas, só por isso, o mecanismo previdenciário teve de funcionar com dois terços, no máximo, de sua arrecadação prevista. Na verdade, muito menos ainda: a contribuição dos empregadores padeceu sempre de crônicos atrasos e insuficiências; a dos empregados, conquanto religiosamente descontada dos salários, nem sempre chega ao destino. Baste lembrar, a esse propósito, que as isenções, evasão e sonegação chegaram à casa dos vinte bilhões (isso mesmo, vinte bilhões) de reais ao ano, segundo números divulgados no ano de 1999.

Tanto não bastasse, os cofres das instituições previdenciárias foram sistematicamente assaltados pelos governos de todas as esferas, para obras e empreendimentos que não guardavam relação alguma com a finalidade específica das contribuições. Foi com tais recursos que se construíram Brasília, Itaupu, a Transamazônica, entre tantas outras obras gigantescas. Mesmo em tão desfavoráveis condições, o sistema teve fôlego para funcionar satisfatoriamente durante várias décadas, superando todas essas ingentes adversidades. Os antigos Institutos de Aposentadorias e Pensões, antes da desastrosa unificação promovida pela ditadura militar, cumpriram razoavelmente o seu papel, sem embargo da sonegação (inclusive aquela da União) e dos desvios. Portanto, é no mínimo apressada, para não dizer leviana, a assertiva infinitamente repetida de que o problema estava no "modelo". Este era bom o suficiente para sobreviver à sonegação e ao assalto sistemáticos.

Para que se pudesse fazer uma idéia do que o seria hoje o universo da previdência pública, exatamente com o mesmo "modelo", seria preciso imaginar que tivessem ingressado nos cofres dele e tomado destinação adequada, inclusive com formação de reservas, toda a colossal riqueza representada pelas contribuições omitidas ou desviadas. Seria mister ter presente, inclusive, que o regime de tríplice contribuição vigorou desde a Constituição de 1934, portanto, por mais de meio século. O cabedal formado ao longo dos anos, engrossado pelos rendimentos que deveria produzir, seria seguramente bastante para garantir que os objetivos continuassem a ser integralmente cumpridos. O acervo e, portanto, o potencial de benefícios seria com certeza suficiente para assegurar a continuidade, mesmo em face do geométrico crescimento do número de beneficiários, geralmente apontado como causa do fracasso. Bastaria que a sonegação fosse controlada e o desvio fosse eliminado, ou, pelo menos, contido nos limites do dízimo, que parece ser o da corrupção institucionalizada e consentida.

Vê-se, pois, que o problema não está no modelo, mas na gestão desonesta e temerária. Restaria indagar, então, se essa seria uma peculiaridade da gestão pública, uma espécie de maldição que pairasse sobre a atividade governamental e que a privatização pudesse exorcizar. Ora, a observação do que tem ocorrido ao longo desse tempo, e continua a ocorrer. De modo algum autoriza semelhante suposição. A experiência que temos com as instituições de previdência privada é positivamente desastrosa, bastando lembrar o número infindável dos empreendimentos falidos e a amaríssima experiência dos incautos que contribuíram para a obtenção, como benefício, de uma remuneração de coronel e a viram reduzir-se a menos do que o soldo de um recruta, e finalmente ao zero absoluto.

Numerosos são os empreendedores do ramo que, comprovando a norma segundo a qual a empresa quebra mas o empresário sai rico, chegaram a freqüentar a crônica policial mas não tardaram em retornar triunfalmente à social. A perda ficou com os contribuintes, exatamente como acontece na previdência pública, aviltando-se ao extremo, quando não extinguindo-se de vez, os benefícios pelo quais haviam pago. Ainda em nossos dias, o constante e insolúvel atrito entre participantes de outras modalidades de planos de previdência *lato sensu* notadamente os de serviços de saúde e as empresas que se comprometem a prestá-los dá bem a medida do que se pode esperar de um sistema previdenciário totalmente privatizado.

A lição a extrair-se, salvo engano, é a de que não importa muito se o "modelo" previdenciário coloca sua ênfase no público ou no privado embora o primeiro seja ainda, ao menos teoricamente, mais suscetível de controle efetivo. O importante realmente é a gestão; a seriedade e responsabilidade com que se administram e aplicam os recursos destinados aos benefícios e à formação de reservas. E, de outra banda, importa muito não perder de vista as peculiaridades de cada grupo ou categoria profissional, cujas necessidades no particular podem ser imensamente variáveis. Particularmente, é indispensável preservar a especificidade de certas atividades intrinsecamente inerentes ao Estado, inseparáveis de sua atuação por consistirem na própria razão de ser dele; seus exercentes, em atividade ou depois de jubilados, necessitam de tratamento específico como proteção não a eles mesmos, mas à sociedade como um todo.

4. Mais um passo para o desmonte do Estado brasileiro

CLÁUDIO BALDINO MACIEL
Desembargador do Tribunal de Justiça do Rio Grande do Sul e presidente da Associação dos Magistrados Brasileiros - AMB (triênio 2001-2004).

O permanente desequilíbrio das contas da Previdência é fato bem conhecido dos brasileiros. As verdadeiras causas do fenômeno, contudo, não têm sido combatidas pelo governo: a ausência de controle e fiscalização adequada na gestão do sistema; a alarmante sonegação de contribuições previdenciárias; fraudes; tráfico de influências; a existência de quadrilhas especializadas atuando no setor; o desvio de imensas somas para atividades estranhas à Previdência, sem falar no imenso débito previdenciário da própria União, de outras entidades estatais e de grandes empresas privadas.

Esses e outros fatores são, com freqüência, usados como argumentos em defesa de projetos que indicam uma futura privatização do sistema geral da Previdência Social no Brasil. Por meio de sistemática modificação da Constituição Federal, o governo quer privatizar as aposentadorias e pensões do serviço público e do regime geral da Previdência, entregando-as aos fundos complementares privados e companhias seguradoras e sujeitando-as ao regime de incertezas e oscilações do mercado.

Também neste caso – como vemos ocorrer na privatização de outros setores –, a política econômica visa a atingir metas desejadas ou impostas pelo FMI. No seu conjunto, esses projetos legislativos, socialmente perversos, privilegiam o setor financeiro, o mercado e, particularmente, as grandes empresas transnacionais que poderão controlar tantos recursos da massa populacional, submetendo a Previdência Social aos interesses do lucro privado. Tal modelo tem uma conotação de retrocesso, uma vez que grande parte dos trabalhadores, ao invés de melhoria na sua remuneração, passa a sofrer um rebaixamento insuportável. Todos reconhecem a necessidade de se corrigir a enorme desigualdade da distribuição de renda nacional, mas as emendas que estão sendo feitas só tendem a agravar essa disparidade.

Embora atinja o serviço público brasileiro como um todo, com relação à magistratura, a legislação proposta retira a competência exclusiva do STF para regrar a aposentadoria dos membros do Poder Judiciário e a pensão de seus dependentes; fere as garantias de irredutibilidade, integralidade e paridade de vencimentos e proventos da magistratura, e gera insegurança com relação aos valores dos benefícios, que nos fundos privados de previdência complementar são calculados sob regime de capitalização das contas individuais. Além disso, ao submeter os magistrados a regime de previdência não-estatal, o sistema proposto em nada contribui para a independência do Judiciário, diante da submissão do julgador à lógica e ao jogo do mercado financeiro, no qual se insere o seu regime de previdência complementar, jogo que não apresenta qualquer segurança efetiva no sentido de que os empresários privados detentores dos fundos terão higidez econômica, durante largo período, para honrar os compromissos previdenciários futuros. Enfim, o passado nos mostra qual o destino dos institutos privados antes existentes.

A inconstitucionalidade de algumas medidas propostas é crua e grosseira. Assim a contribuição previdenciária dos já inativos, como vem reconhecendo constantemente o Judiciário. E por julgar desta forma, e contrariar assim as expectativas do Executivo, também está o Judiciário na berlinda, sofrendo uma reforma que fragiliza as garantias constitucionais de independência de seus juízes.

Seria ingenuidade supor que, nas áreas técnicas do governo, se interprete de forma tão esdrúxula o ordenamento jurídico. Existe, sim, a firme idéia de que determinados interesses – e a pressão exercida para fazê-los valer – podem virtualmente tudo, inclusive remover de seu caminho princípios de direito tão valiosos como a garantia do ato jurídico perfeito e do direito adquirido, pouco importando sejam eles basilares para a mínima segurança jurídica da sociedade e, portanto, para a sustentação da ordem democrática e do que se pode chamar de Estado de Direito.

A cobrança dos inativos e o aumento da contribuição dos trabalhadores em atividade, além de inconstitucionais, são ineficientes, pois não chegam perto de resolver o problema de "caixa" da Previdência, como já foi admitido pelo governo. A crise, que não é do *modelo* previdenciário, mas sim de *gestão* do mesmo, pode, sim, ser enfrentada com êxito, bastando que o Estado repasse à Previdência o que a ela deve e exija que o façam os outros devedores, a começar pelos maiores, além de promover, através de auditoria (externa, obviamente), um amplo e profundo exame das contas das gestões passadas e também da presente, investigando todas as razões do anunciado *deficit*, podendo assim descobrir as grandes aberturas por onde se extraviam os recursos. Sem falar no mero exercício do dever precípuo de bem controlar e fiscalizar.

A Associação dos Magistrados Brasileiros (AMB), entidade que congrega cerca de 15 mil magistrados, tem manifestado sua aguda preocupação com essas tentativas de fragilização do serviço público brasileiro. Evidentemente, não podem os magistrados deste País silenciar diante de mais uma etapa do verdadeiro desmonte do Estado brasileiro, que já se verifica também em outras áreas estratégicas.

5. Aposentadoria e pensões – regime de previdência complementar público

CELSO ANTÔNIO BANDEIRA DE MELLO

Professor Titular de Direito Administrativo da PUC/SP; Professor Hononário da Faculdade de Direito na Argentina; da Faculdade de Direito do Colégio Mayor de Rosário, em Bogotá. Fundador do Instituto Brasileiro de Direito Administrativo e do IDAP. Membro do Instituto Internacional de Derecho Administrativo Latino-americano.

I - Servidores públicos titulares de cargo efetivo, atuais e futuros, têm direito à aposentadoria com proventos integrais ou proporcionais, uma vez preenchidos os pertinentes requisitos, tal como supostos no art. 40, § § 1º, 2º e 3º da Constituição ou nas regras de transição constantes da Emenda Constitucional nº 20 ?

II - Procede concluir que o regime de previdência, complementar ou não, dos servidores titulares de cargo público efetivo será obrigatoriamente público, isto é, prestado, mantido e assegurado de modo integral sob exclusiva responsabilidade da pessoa de direito público de capacidade política que o instituiu ?

III - Os atuais servidores públicos titulares de cargo efetivo podem ser compelidos a ingressar no sistema de previdência complementar suposto nos §§ 14 e 15 do art. 40?

IV - Os beneficiários de pensão por morte dos atuais e futuros servidores titulares de cargo efetivo têm direito a que os pertinentes benefícios sejam calculados com base na inteireza da remuneração do servidor, correspondendo à integralidade ou proporcionalidade dele, em simetria com seu regime de aposentação e, de igual forma, sob estrita e exclusiva responsabilidade do Poder Público a cujo cargo o servidor estava vinculado? As pensões que assistem ou assistirão aos beneficiários de servidores cujo ingresso no serviço público tenha ocorrido antes da instituição do regime de previdência complementar, previsto no § 14 do art. 40, podem ser obrigatoriamente assujeitadas ao limite suposto para tal regime ?

Às indagações da Consulta respondo nos termos que seguem.

PARECER

1. O Texto Constitucional brasileiro, consoante decorre do art. 40, estabelece, para os servidores públicos titulares de cargos efetivos, da União, dos Estados, do Distrito Federal e dos Municípios, respectivas autarquias e fundações, a garantia de aposentação com *proventos integrais, assegurados no § 3º*, com ressalva das hipóteses contempladas no § 1º , incisos I, II e III, letra *b*, casos em que ditos proventos serão *proporcionais*.

O art. 40, em seu *caput*, estatui:

"Aos servidores titulares de cargos efetivos da União, dos Estados, do Distrito Federal e dos Municípios, incluídas suas autarquias e fundações, é assegurado regime de previdência de caráter contributivo, observados critérios que preservem o equilíbrio financeiro e atuarial, observado o disposto neste artigo".

De seu turno, o § 1º dispõe:

"os servidores abrangidos pelo regime de previdência de que trata este artigo serão aposentados, calculados os seus proventos a partir dos valores *fixados na forma do § 3º: ...*",

preceptivo este que reza:

"Os proventos de aposentadoria e as pensões, por ocasião de sua concessão, serão calculados com base na remuneração do servidor no cargo efetivo em que se der a aposentadoria e, na forma da lei, corresponderão à totalidade da remuneração ".

Sem embargo, esta correspondência à totalidade da remuneração nem sempre ocorrerá, porquanto, como dito, o mencionado § 1º, ressalva explicitamente, nos incisos I, II e III *b*, hipóteses em que os proventos, ao invés de serem integrais, serão proporcionais. É esta a dição dos incisos em apreço:

"I – por invalidez permanente, *sendo os proventos proporcionais ao tempo de contribuição*, exceto se decorrente de acidente em serviço, moléstia profissional ou doença grave, contagiosa ou incurável, especificada em lei;

II - compulsoriamente, aos 70 (setenta) anos de idade, *com proventos proporcionais ao tempo de contribuição*;

III - voluntariamente, desde que cumprido tempo mínimo de 10 (dez) anos de efetivo exercício no serviço público e 5 (cinco) anos no cargo efetivo em que se dará a aposentadoria, observadas as seguintes condições:

a) 60 (sessenta) anos de idade e 35 (trinta e cinco) de contribuição, se homem e 55 (cinqüenta e cinco) anos de idade e 30 (trinta) de contribuição, se mulher;

b) 65 (sessenta e cinco) anos de idade, se homem e 60 (sessenta) anos de idade, se mulher, *com proventos proporcionais ao tempo de contribuição*".

2. Em síntese: haverá proventos proporcionais nas hipóteses em que o servidor venha a ser aposentado *sem completar os seguintes quatro requisitos* cumulativos: (a) dez anos de serviço público, dos quais (b) cinco no cargo efetivo em que se dará a aposentadoria; (c) ao menos 60 (sessenta) anos de idade, se homem e 55 (cinqüenta e cinco), se mulher e (d) trinta e cinco anos de contribuição, se homem, ou trinta, se mulher.

Casos desta feição (não-preenchimento dos cumulativos requisitos) tanto poderão ocorrer (A) compulsoriamente, se o servidor atingir 70 (anos) de idade ou vier a ser vitimado por invalidez permanente *não decorrente* de acidente em serviço nem de moléstia grave ou incurável especificada em lei e (B) voluntariamente, se tiver 65 (sessenta e cinco) anos de idade, quando homem, ou 60 (sessenta), quando mulher.

Fora destas especificadas situações, ou seja, *toda vez que estiverem atendidos os quatro requisitos mencionados*, a aposentadoria se dá com *proventos integrais*, correspondendo "à totalidade da remuneração", como diz o referido § 3º do art. 40, quer se trate de aposentadoria *voluntária*, quer se trate de aposentadoria *compulsória*, por implemento da idade de 70 anos. *Além disto, também serão integrais os proventos* daqueles que (*mesmo não preenchendo os requisitos mencionados*) façam jus à aposentação *compulsória* por invalidez, se esta resultar de acidente em serviço ou moléstia grave ou incurável especificada em lei, a teor do inciso I, última parte, do § 1º do art. 40, letra *a*.

3. Os preceitos atinentes à matéria e que foram focalizados residem na parte permanente da Constituição e não são objeto de qualquer restrição quanto ao universo temporal dos titulares de cargos efetivos. Assim, tanto colhem a generalidade dos *atuais servidores*, (que não estejam protegidos por regras de transição *mais favoráveis* previstas nos arts. 3º e 8º da Emenda Constitucional nº 20, de 15.12.98) *quanto os que futuramente venham a sê-lo*, tudo conforme disposições constitucionais inequívocas.

Sendo, pois, livre de qualquer dúvida ou entredúvida a garantia constitucional da aposentação integral ou proporcional, nos termos assinalados e com a abrangência referida, resta, para contemplar o tema em perspectiva ampla, examinar outros dispositivos concernentes à aposentadoria dos servidores titulares de cargo efetivo, notadamente os §§ 14, 15 e 16 do artigo 40.

4. De acordo com o § 14 do art. 40:

"A União, os Estados, o Distrito Federal e os Municípios, *desde que instituam regime de previdência complementar* para os seus respectivos servidores titulares de cargo efetivo, poderão fixar, para o valor das aposentadorias e pensões a serem concedidas pelo regime de que trata este artigo, o limite máximo estabelecido para os benefícios do regime geral de previdência social de que trata o art. 201".

O § 15 reza:

"Observado o disposto no art. 202, lei complementar disporá sobre as normas gerais para instituição do regime de previdência complementar pela União, Estados, Distrito Federal e Municípios, para atender seus respectivos servidores titulares de cargo efetivo".

Finalmente, o § 16 estatui:

"Somente mediante sua *prévia e expressa opção*, o disposto nos §§ 14 e 15 poderá ser aplicado ao servidor que tiver ingressado no serviço público até a data da publicação do ato de instituição do correspondente regime de previdência complementar".

5. Liminarmente, anote-se que ao menos dois pontos sobrelevam com esplendorosa clareza nos §§ 14, 15, e 16 do art. 40:

O primeiro é o de que tal previdência *concerne aos "servidores titulares de cargo efetivo"*, conforme explicitamente se dispõe nos §§ 14 e 15.

O segundo é o de que esta previdência "complementar", mencionada nos aludidos parágrafos, *não poderá colher obrigatoriamente os titulares de cargo efetivo que hajam ingressado ou venham a ingressar no serviço público antes da sobrevinda da instituição desta modalidade previdenciária.* A teor do § 16, sua aplicação a eles depende de suas prévias e expressas aquiescências.

6. Nos itens 1, 2 e 3 deste parecer foi visto que a Constituição inequivocamente garante, tanto aos atuais como aos futuros servidores titulares de cargo efetivo, *aposentadoria integral ou*, nas hipóteses referidas, *proporcional* ao tempo de contribuição, caso em que, a teor do § 3º do art. 40, será calculada com base na remuneração do servidor.

Disto resulta que a possibilidade - prevista no § 14 - de fixação de um limite máximo para os valores da aposentadoria, à moda do regime geral de previdência regulado pelo art. 201, com base em lei complementar expedida com observância do art. 202, conforme refere o § 15, obviamente não significa, nem poderia significar, uma evasão aos sobreditos deveres *postos a cargo da União, Estados, Distrito Federal e Municípios* de assegurarem, cada qual aos seus servidores, a integralidade dos proventos de aposentadoria ou, quando faltantes os requisitos para obtê-la, sua proporcionalidade ao tempo de contribuição.

Tanto isto é indiscutivelmente exato que o referido § 14 do art. 40 só admite a possibilidade de fixação de um limite máximo para o valor da aposentação, *desde que, eles próprios, União, Estados, Distrito Federal e Municípios, instituam regime de previdência complementar.*

Complementar a que?

Evidentemente, complementar a este limite máximo que venha a fixar, para que, mediante complementação, seja atingido o montante correspondente *à totalidade da remuneração* do cargo em que o servidor houver se aposentado (§ 3º do art. 40) ou, quando for o caso, para que os proventos sejam *proporcionais ao tempo de contri-*

buição (art. 40, § 1º, I, II e III, *b*), *calculados com base na remuneração do servidor no cargo efetivo* em que houver se dado a aposentadoria (§ 3º do art. 40).

Ou seja: se o desejarem, as pessoas jurídicas de capacidade política poderão manter, paralelamente, uma previdência com teto e outra previdência complementadora do teto, alimentada esta por *outros fundos*, inclusive, se for o caso, pelo previsto no art. 249 do ADCT, (incluído pelo art. 2º da Emenda 20/98), abrindo-se com isto, também, a possibilidade de outorgarem *aos que se aposentariam com proventos proporcionais* por haverem ingressado tarde no serviço público, um *plus* complementar, para que obtenham uma aposentação com proventos integrais, *se acaso desejarem se submeter a alíquotas diferenciadas*, acobertadoras de tal diferença e assecuratórias do equilíbrio financeiro e atuarial do sistema, tal como impõe o art. 40, *caput*.

7. Alerte-se, todavia, que, fosse qual fosse o intento abrigado nos sobreditos parágrafos 14 e 15, *ao menos uma coisa seria certa e de certeza inconfutável. Dele jamais se poderia extrair contradição com o preceituado nos parágrafos 1º, 2º e 3º do art. 40, que isto seria vedado mesmo ao mais rústico dos intérpretes.*

Deveras, pessoa alguma dotada do mais insignificante senso jurídico imaginaria, mesmo em seus momentos de maior falência intelectual, que o § 14 do art. 40 veio pura e simplesmente destruir o que laboriosamente foi estabelecido na cabeça do art. 40 e em seus três primeiros parágrafos.

No caso, suposição desta ordem jamais poderia ser alimentada, pena de ultrapassar as raias do absurdo. Isto porque, como é claro a todas as luzes, nos três primeiros parágrafos do art. 40 é que está concebido, delineado e estampado o modelo constitucional da aposentação dos servidores titulares de cargo efetivo: portanto, com *integralidade de proventos* ou *proporcionalidade*, dependendo do caso.

De fato, basta ler os §§ 1º, 2º e 3º do artigo em pauta para ver-se que é ali que o quadro normativo regedor das aposentadorias se encontra *imperativamente* definido e com minúcias, esclarecendo-se *quando serão integrais* os proventos, ou seja, que conjunto de requisitos devem ser preenchidos; *quando serão proporcionais*, vale dizer, o que é demandado para obtê-los e *qual o critério aplicável para seu cálculo*.

Assim, se é neles que se desenha laboriosa e detidamente o esquema de aposentação dos titulares de cargo efetivo, jamais caberia admitir que a mera previsão de uma *possível* aposentadoria (pois sua instituição não é obrigatória) ademais *complementar*, como o diz o § 14, tivesse o condão de eliminar tal cuidadosa estruturação normativa, com os efeitos que lhe são inerentes: outorgar ao servidor aposentadoria integral ou proporcional ao tempo de serviço, conforme o caso. Antes, se a conciliação entre eles fosse de todo em todo definitivamente impossível, haver-se-ia de seguir a orientação que Carlos Maximiliano, nosso mestre maior em tema de hermenêutica, aponta entre os preceitos que recolhe como formulados pela doutrina:

"Se uma disposição é secundária ou *acessória* e incompatível com a *principal*, prevalece a última" (*op. cit.*, p. 135 - destaques do autor).

Não há contender que a instituição de um modelo no qual fosse fixado um limite de valor para aposentadoria, modelo este *eventual* e não preestabelecido e *ademais condicionado à previsão de uma complementaridade de tal valor*, é disposição *secundária* em relação às disposições *principais*, contidas nos §§ 1º, 2º e 3º do art. 40, nos quais se estabelece o regime comum, instituído liminarmente como obrigatório e independente de qualquer eventual lei complementar. Assim, se fossem radicalmente inconciliáveis ditos parágrafos com os §º 14 e 15 do mesmo artigo, os primeiros é que prevaleceriam sobre estes últimos.

8. De toda sorte, nenhum exegeta, ainda que muito desassisado, interpreta duas ordens de disposições, quaisquer que sejam, sobreposse se contidas no mesmo artigo, como preceitos que pelejam entre si, que se contrapõem, destruindo-se reciprocamente ou alguns deles destruindo os outros. Disparate desta ordem não poderia prosperar no espírito de quem tenha rudimentos de Direito.

Sabidamente, é dever do hermeneuta, desde logo, harmonizar, sempre que possível, as diferentes disposições contidas *até mesmo em diferentes textos sucessivos*, prevenindo a hipótese de, açodadamente, presumir a revogação de uma delas pela sobrevinda de norma posterior. Ou seja: é notório princípio de exegese não presumir que disposições normativas, *ainda quando sucessivas*, infirmam as precedentes.

Black, talvez o sumo mestre de interpretação, em seu notabilíssimo "Handbook On The Construction And Interpetation Of The Laws", averbou:

"Revogações por implicação não são de presumir. Uma lei não deve ser interpretada como revogando disposições anteriores sobre a mesma matéria (na ausência de palavras expressas com tal efeito) a menos que haja uma irreconciliável repulsa entre elas, ou a menos que a nova lei tenha o evidente propósito de sobrepor-se às disposições anteriores sobre o assunto e de modo a compreender em si mesma o único e completo sistema de legislação sobre a matéria" (Henry Campbell Black - West Publishing Co., 1896 - St. Paul, Minn. p. 112).

Aclarando o alcance de tal lição, o renomado ex-Ministro da Suprema Corte Americana na mesma página grafa:

"Toda lei nova deve ser interpretada em conexão com aquelas já existentes sobre o assunto e tudo deve ser feito para harmonizá-las e manter-lhes a coexistência, se isto puder ser feito por uma interpretação isenta e razoável e, se o novo texto não declara expressamente a revogação da lei precedente, ele não deverá ser interpretado como efetuando dita revogação, salvo se existir uma tal repugnância ou conflito entre as duas provisões ou leis que revele não poderem permanecer iguais em força."

Em abono de tal assertiva, colaciona em nota de rodapé, as decisões Robbins v. State, 8 Ohio St. 131, 191; Casey v. Harned, 5 Iowa, 1; Selman v. Wolfe, 27 Tex. 68; Morris v. Delaware & S. Canal, 4 Watts & S. 461; Crouch v. Hayes, 98 N.Y 183; Peyton v. Moseley, 3 T.B. Mon 77; Barringer v. City Council of Florence (St. Car.) 19 S. E. 745).

O referido mestre disse ainda:

"Quando necessário considerar uma lei anterior como implicitamente afetada pela posterior, dada a implícita repugnância entre elas, a extensão desta revogação deverá ser medida pela extensão do inevitável conflito ou incongruência recíprocas; e, se houver alguma parte das disposições da lei anterior que possa permanecer como não afetada pela lei ulterior, não será, dessarte, considerada revogada" (p. 115).

Também Carlos Maximiliano enuncia considerações preciosas que merecem transcrição. Disse o iluminado jurista e eminente ex-Ministro do Supremo Tribunal Federal:

"É dever do aplicador comparar e procurar conciliar as disposições várias sobre o mesmo objeto, e do conjunto, assim harmonizado, deduzir o sentido e o alcance de cada uma. Só em caso de resistirem as incompatibilidades, vitoriosamente, a todo esfôrço de aproximação, é que se opina em sentido eliminatório da regra mais antiga ou de - parte da mesma, *pois que ainda será possível concluir pela existência de antinomia irredutível, porém* parcial, *de modo que afete apenas a perpetuidade de uma fração do dispo-*

sitivo anterior, contrariada, de frente, pelo posterior" (*Hermenêutica e Aplicação do Direito*. 15ª ed. Rio de Janeiro, Forense, 1995, p. 357 - destaques do autor).

9. Ora, se, como regra geral, não é de presumir *nem mesmo que a lei nova revoga a antiga*, salvo quando suas coexistências se revelam absolutamente inconciliáveis, menos ainda, como é de solar obviedade, seria de aceitar a hipótese de contradição irremissível entre dispositivos de um mesmo texto. Com efeito, ainda nas palavras do nunca assaz citado Black:

> "Presume-se que o pensamento do legislador é coerente; em caso de ambígua ou duvidosa expressão de seus desejos, deverá ser adotada a interpretação tal que faça todas as disposições da lei reciprocamente coerentes entre si e com o preexistente corpo da lei". (*op. cit.* p. 98)

Ou, nas expressões do já colacionado Carlos Maximiliano:

> "Não raro, à primeira vista duas expressões se contradizem; porém, se as examinarmos atentamente (*subtili animo*), descobrimos o nexo oculto que as concilia. É quase sempre possível integrar o sistema jurídico; descobrir a correlação das regras aparentemente antinômicas.
> Sempre que descobre uma contradição, deve o intérprete *desconfiar de si*; presumir que não compreendeu bem o sentido de cada um dos trechos ao parecer inconciliáveis, sobretudo se ambos se encontram no mesmo repositório. Incumbe-lhe, preliminarmente fazer tentativa para harmonizar os textos; a esse esforço ou arte os Estatutos da Universidade de Coimbra, de 1772, denominavam Terapêutica Jurídica". (*op. cit.*, p. 134 - destaques do autor)

Uma vez que nos casos assinalados é forçoso harmonizar os dispositivos, *a fortiori* ter-se-á de fazê-lo *quando alocados na intimidade de um mesmo artigo*. Para aderir à hipótese de que o § 14 do art. 40 permite elidir o produto normativo tão clara, explícita, incisiva e minuciosamente estabelecido nos §§ 1º, 2º e 3º do mesmo artigo seria preciso irrogar imbecilidade ao legislador, o que é defeso ao intérprete, maiormente se o produtor da regra está no exercício de poderes de Emenda da Constituição, quando, pois, é de presumir que haja se desempenhado com redobrada atenção.

10. Por tudo isto, à primeira indagação responde-se: Servidores públicos atuais e futuros têm inequívoco direito à aposentadoria com proventos integrais ou proporcionais uma vez preenchidos os pertinentes requisitos de idade e tempo, não se podendo extrair dos parágrafos 14 e 15 do art. 40 nada que milite em desfavor da inteireza do aludido direito.

11. Ninguém duvidaria que o regime de aposentadoria dos servidores públicos titulares de cargo efetivo é um regime previdenciário público, significando isto que é - e tem de ser - *instituído* pelo Poder Público, *mantido* pelo Poder Público e prestado sob *inafastável responsabilidade do Poder Público* em face dos servidores em questão.

Além de público, é um regime *especial* em confronto com o regime geral de previdência, o qual, de resto, também é obrigatoriamente público.

Com efeito, o *regime público de previdência* - especial ou geral - opõe-se ao *regime de previdência privada* (art. 202), que é apenas complementar dele e de caráter facultativo.

Deveras, o art. 201 estabelece:

"A previdência social será organizada sob a forma de regime geral, de caráter contributivo e de *filiação obrigatória*, observados critérios que preservem o equilíbrio financeiro e atuarial, e atenderá, nos termos da lei a: ...".

Ainda que nenhuma dúvida exista ou jamais tenha existido sob tal caráter público, de qualquer forma, se viesse a ser proposta, ficaria espancada ante o disposto no § 10 (do mesmo art. 201), pois tal parágrafo deixa claro que a previdência é integrante da esfera pública ao contrapô-la ao setor privado. São seus termos:

"Lei disciplinará a cobertura do risco de acidente do trabalho, a ser atendido concorrentemente pelo regime geral de previdência *e pelo setor privado*".

Como se vê, aí está oposto o *regime geral de previdência* ao *setor privado*, restando pressuposto o caráter público do regime geral de previdência e ficando admitido concorrentemente o setor privado apenas em tema de cobertura de risco de acidente do trabalho.

Além disto, o art. 202, este sim, cogita de uma previdência privada, a qual, todavia, tem caráter *meramente complementar* ao regime geral de previdência e, ao contrário dela, é *facultativa*. Deveras, o art. 202 estatui:

"O regime de previdência privada, *de caráter complementar* e organizado de forma autônoma em relação ao regime geral de previdência social, *será facultativo*, baseado na constituição de reservas que garantam o benefício contratado, e regulado na forma da lei".

12. Assim, é livre de qualquer dúvida ou entredúvida que há um regime público de previdência e um regime privado de previdência.

O regime público de previdência é um *dever do Estado*, é de filiação obrigatória para os beneficiários e compreende um *regime geral* e um *regime especial*, este último próprio dos servidores titulares de cargo efetivo e previsto, como se viu, no art. 40 da Constituição Federal.

Ainda que seja óbvio que tal regime *especial* é público - e não privado - inclusive porque seus beneficiários são exclusivamente servidores públicos, o fato é que tal caráter também se encontra vincado no § 12 do art. 40. É que, de acordo com sua dicção, este regime especial, naquilo que não haja sido diversamente estabelecido para ele, é subsidiado pelos requisitos e critérios *do regime geral* (regime público, como visto), e não pelo regime privado de previdência, o que reforçaria, se necessário fosse, sua ubicação na previdência pública, com todas as correlatas conseqüências. São estes os dizeres do mencionado § 12:

> "Além do disposto neste artigo, o regime de previdência dos servidores públicos titulares de cargo efetivo observará, no que couber, os requisitos e critérios *fixados para o regime geral da previdência social*".

13. De todo modo, o fato é que ninguém imaginaria que o art. 40, *caput*, da Constituição - ao qual se subordinam todos os seus parágrafos - ao declarar *assegurado regime de previdência de caráter contributivo* aos servidores titulares de cargo efetivo (e com proventos integrais ou proporcionais, conforme o caso), veio garanti-los em tal direito perante alguma entidade privada! Qualquer pessoa de senso normal, de imediato perceberia que os assegurou perante a entidade a que estejam vinculados, ou seja, União, Estados, Distrito Federal, Municípios, suas autarquias e fundações, especificadamente referidos no mencionado dispositivo.

14. Assim, é de inquestionável certeza que *a própria pessoa em cuja órbita estejam prepostos seus cargos é que tem o dever jurídico de lhes prestar e garantir tal previdência*, não sendo lícito evadir-se a tanto ou transferir a terceiro a responsabilidade pelos proventos devidos. Dito pelo reverso: é impostergável direito dos titulares de cargo efetivo haverem a inteireza de suas aposentadorias - com proventos integrais ou proporcionais, conforme a hipótese - da própria pessoa governamental em cuja órbita seus cargos estavam prepostos quando da aposentação, pelo que, ditos sujeitos governamentais jamais poderão transferir a terceiros suas responsabilidades na matéria, sem com isto ofenderem à força aberta o Texto Constitucional.

Por tudo quanto se anotou até agora, resulta evidente que também a aposentadoria complementar prevista nos §§ 14 e 15 do art. 40 *é de estrita responsabilidade das entidades públicas* e nem poderia ser de outro modo, sob pena de burla ao direito dos titulares de cargo efetivo. Aliás, os próprios §§ 14 e 15 *são explícitos em mencionar tal regime complementar como da alçada da União, Estados, Distrito Federal e Municípios* e por eles instituível para os respectivos servidores titulares de cargo efetivo, conforme resulta até mesmo da literalidade da linguagem dos sobreditos preceptivos.

15. Assim, o fato de tais pessoas poderem dividir em dois organismos ou em um organismo alimentado por fundos diversos a integralidade dos valores devidos pela aposentação, compondo-as por duas parcelas - uma limitada a dado montante prefixado e outra complementadora, destinada a perfazer o montante devido para asseguramento dos proventos integrais ou proporcionais - a toda evidência não significa que possam se eximir de responder integral e irrestritamente pela prestação de tais aposentadorias perante os servidores.

Vale dizer: o direito destes e a garantia de recebimento *integral* de suas aposentadorias continuará a se propor direta e exclusivamente *perante a própria entidade pública* a que hajam estado vinculados quando da aposentação, *sem que devam se assujeitar a qualquer relacionamento com terceiro ou a qualquer álea de terceiro no que concerne ao montante dos proventos que lhes são devidos.*

16. O que os Poderes Públicos poderão fazer com apoio na remissão do § 15 ao art. 202 é, *na qualidade de patrocinadores*, que de outro modo seria impossível (§ 3º do art. 202), travar vínculos negociais com entidades privadas, por força dos quais estas últimas pessoas passariam a gerir os recursos captados para a aposentadoria complementar. Note-se que a remissão ao art. 202 ("Observado o disposto no art. 202") não é irrestrita nem poderia ser tomada irrestritamente, não só porque o

regime complementar previsto no § 15 do art. 40, em antítese ao regime do 202, *ao invés de ser de filiação facutativa*, é *obrigatório* para os que ingressarem no serviço público depois de sua instituição, como também e sobretudo porque *é público*.

Com efeito, *é estabelecido pelo próprio Poder Público*, como visto, para cumprir o dever de preencher o intervalo entre o teto que fixar com base no § 14 e o montante total da aposentação devida; é dirigido *aos servidores públicos titulares de cargo de provimento efetivo*, destina-se à implementação do *inexcusável dever público*, estabelecido nos §§ 1º, 2º e 3º do art. 40, de assegurar *a inteireza dos proventos de aposentação*, sejam integrais, sejam proporcionais e além disto definidos e calculados na forma estabelecida nos sobreditos parágrafos, regime este, portanto, visceralmente distinto da previdência privada. Tem em comum com ela o fato de ser uma complementação (conquanto obrigatória), de ser organizada de forma autônoma ao regime geral de previdência social, de basear-se na constituição de reservas que garantam o benefício e de ser regulada por lei complementar.

Donde, à segunda indagação responde-se: O regime de previdência dos servidores públicos, complementar ou não, será obrigatoriamente público, isto é, prestado e mantido pela pessoa de direito público de capacidade política que o instituiu, a qual assegurará ao aposentado, ela própria, a integralidade dos proventos devidos, sempre sob sua inteira, direta e inafastável responsabilidade.

17. Em se concretizando a possibilidade de vir a ser instituído o regime de previdência complementar a que aludem os §§ 14 e 15 do art. 40, apenas os *servidores titulares de cargo de provimento efetivo que ingressarem no serviço público após a data de publicação do ato de sua instituição é que ficarão compulsoriamente assujeitados a ele.* Com efeito, o § 16, consoante já foi anotado no item 5, é absolutamente claro ao estabelecer que os que ingressaram no serviço público até aquela data só serão colhidos

se este for seu desejo, o qual haverá de ser manifestado, "mediante prévia e expressa opção".

Dessarte, à terceira indagação cabe responder: Os atuais servidores públicos não podem ser compelidos a ingressar em sistema de previdência complementar que venha a ser instituído com esforço nos §§ 14 e 15 do art. 40 da Constituição.

18. Assim como a Constituição, nos termos indicados, garante aposentadoria para os titulares de cargo público, também garante, em caso de morte, pensão para os respectivos beneficiários. Deveras, o § 7º do art. 40 estatui:

"Lei disporá sobre a concessão do benefício da pensão por morte, que será igual ao valor dos proventos do servidor falecido ou ao valor dos proventos a que teria direito o servidor em atividade na data do seu falecimento, observado o disposto no § 3º."

Às pensões se aplica, igualmente, o previsto no § 14, que a elas se refere expressamente, tanto como o fez em relação às aposentadorias. Dessarte, o tratamento dispensado a ambos é idêntico e todas as conclusões precedentemente enunciadas no que se refere às aposentadorias são aplicáveis às pensões, pois o regime constitucional do cálculo de proventos de aposentação e de pensões é idêntico, pois estas correm a mesma sorte daqueles.

Disto decorre, outrossim, que as pensões que assistem ou assistirão aos beneficiários de servidores cujo ingresso no serviço público tenha ocorrido antes da instituição do regime de previdência complementar não podem ser obrigatoriamente assujeitadas ao limite suposto para tal regime. Com efeito, os servidores que já faleceram, por óbvio, não teriam como exercitar a indispensável e prévia opção a que alude o § 16 do art. 40, e os atuais servidores, para que seus futuros beneficiários viessem a ser colhidos por ele, necessitam efetuar a sobredita opção.

Eis, pois, que à quarta pergunta respondo: Os beneficiários de pensão por morte dos atuais e futuros servidores titulares de cargo efetivo têm direito a que os pertinentes benefícios sejam calculados com base na inteireza da remuneração do servidor, correspondendo-lhe à integralidade ou proporcionalidade, em simetria com o regime de aposentação deste e, de igual forma, sob estrita e exclusiva responsabilidade do Poder Público a cujos cargos estavam vinculados. A inclusão das pensões no regime de complementação, prevista no § 14 do art. 40, não é suscetível de ocorrer em relação às atuais pensões e para as futuras pensões, depende de prévia e expressa opção dos atuais servidores.

19. Ante todo o exposto e considerado, resenhando as respostas já expendidas, à Consulta respondo:

Servidores públicos atuais e futuros titulares de cargo efetivo têm inequívoco direito à aposentadoria com proventos integrais ou proporcionais, uma vez preenchidos os pertinentes requisitos de tempo e/ou idade, não se podendo extrair dos §§ 14 e 15 do art. 40 nada que milite em desfavor da inteireza do aludido direito;

II - O regime de previdência, complementar ou não, dos servidores públicos titulares de cargo efetivo será obrigatoriamente público, isto é, prestado e mantido pela pessoa de direito público de capacidade política que o instituiu, a qual assegurará ao seu servidor aposentado, ela própria, a integralidade dos proventos devidos, sempre sob sua inteira, direta e inafastável responsabilidade;

III - Os atuais servidores públicos titulares de cargo efetivo não podem ser compelidos a ingressar em sistema de previdência complementar que venha a ser instituído com esforço nos §§ 14 e 15 do art. 40 da Constituição;

IV - Os beneficiários de pensão por morte dos atuais e futuros servidores titulares de cargo efetivo têm direito a que os pertinentes benefícios sejam calculados com base na inteireza da remuneração do servidor, correspondendo-lhes a integralidade ou proporcionalidade, em simetria com o regime de aposentação deste e, de igual forma, sob estrita e exclusiva responsabilidade da entidade pública a cujos cargos estavam vinculados. A inclusão das pensões no regime de complementação, previsto no § 14 do art. 40, não é suscetível de ocorrer em relação às atuais pensões e, para as pensões futuras, depende de prévia e expressa opção dos atuais servidores.

É o meu parecer.

São Paulo, 4 de novembro de 2000.

6. Os problemas da previdência complementar para o setor público

LUIZ GONZAGA DE MELLO BELLUZZO
Pós-graduado em Desenvolvimento e Programação Industrial. Foi professor colaborador do Departamento Econômico da Universidade de Campinas, onde Doutorou-se em 1975. Tornou-se professor titular em 1986

BERNARD APPY
Bacharel em economia pela Universidade de São Paulo. Professor de macroeconomia e economia brasileira da PUC-SP

6.1. Delimitando o tema

O objetivo deste trabalho é fazer uma avaliação econômica dos projetos de lei que regulamentam a previdência complementar dos servidores públicos. Antes de iniciar a análise estritamente econômica, no entanto, é preciso explorar dois temas freqüentemente esquecidos no debate sobre a previdência:

a) a previdência social tem uma dupla dimensão: uma social e uma fiscal, e as duas não podem ser tratadas separadamente;

b) mesmo o aspecto fiscal da previdência só tem sentido quando avaliado dentro do conjunto das ações fiscais (de arrecadação e gasto) do setor público.

Em outras palavras, a previdência social é um entre vários programas geridos pelo setor público e só pode ser compreendida e analisada a partir deste enfoque. Se faz sentido contrapor os custos e benefícios sociais dos programas previdenciários aos custos e benefícios dos demais programas do setor público, não faz sentido fazer uma discussão isolada do déficit da previdência – até porque não há nenhum motivo para que os benefícios previdenciários sejam financiados exclusivamente por contribuições sobre a folha salarial.

Ao definir suas opções, a sociedade – através de seus representantes no Congresso – tem de ter uma visão ampla das alternativas colocadas. Mudanças levadas a cabo com base em enfoques parciais podem levar a escolhas erradas do ponto de vista das prioridades sociais – que não são o tema deste trabalho –, e mesmo do ponto de vista econômico, como procuramos discutir a seguir.

6.2. O sistema de previdência complementar para os servidores públicos

6.2.1. Introdução

A possibilidade de instituição de um regime de previdência complementar para os servidores públicos foi introduzida pela emenda constitucional (EC) nº 20, de dezembro de 1998.

A idéia básica é que a União ou os entes federativos (Estados, Distrito Federal e Municípios) que instituírem um regime de previdência complementar para seus servidores poderão limitar os benefícios garantidos pelo regime próprio de previdência dos servidores ao teto do regime geral de previdência social (RGPS) gerido pelo INSS – que hoje corresponde a R$ 1.328/mês (por simplicidade, no restante do texto, usaremos o valor de R$ 1.300).[1] Em outras palavras, os servidores com rendi-

---

[1] A EC nº 20 limitou o regime próprio de previdência aos servidores titulares de cargo efetivo (ficando os demais servidores cobertos pelo regime geral do INSS). Por este motivo, o termo "servidores públicos" (ou apenas "servidores") é usado neste texto como referência aos servidores titulares de cargo efetivo.

mento mensal superior a R$ 1.300 terão uma dupla cobertura previdenciária: os benefícios até o teto de R$ 1.300 serão de responsabilidade do regime próprio de previdência da União e de cada ente federativo, enquanto os benefícios acima deste valor serão cobertos pelo regime de previdência complementar.

Ainda segundo a EC nº 20, o novo regime será opcional para os servidores que tiverem ingressado no serviço público até a instituição do regime de previdência complementar e compulsório para os novos entrantes.

A instituição dos regimes de previdência complementar para os servidores depende da aprovação de três projetos de lei complementar em tramitação no Congresso: os PLPs nºs 8 e 9 de 1999 (que tratam especificamente do regime dos servidores públicos), além do PLP nº 10/99, que trata de normas gerais para a previdência complementar. Os PLPs nºs 8 e 10 já foram aprovados pela Câmara e estão tramitando no Senado,[2] enquanto o substitutivo da comissão especial para o PLP nº 9 encontra-se em pronto para votação no Plenário da Câmara.

Segundo a Assessoria Técnica da Liderança do PT na Câmara, o governo apresentou informalmente uma emenda substitutiva global ao PLP nº 9, que deverá ser votada como uma alternativa ao substitutivo aprovado pela comissão especial.

Nos itens a seguir, é feita uma avaliação das características do regime de previdência complementar para os servidores públicos, tomando-se como base os textos aprovados pela Câmara para os PLPs nºs 8 e 10 e o substitutivo aprovado pela comissão especial para o PLP nº 9. No item final, analisa-se a emenda substitutiva global proposta pelo Executivo para o PLP nº 9.

6.2.2. Imprecisões e indefinições

Antes de analisar o impacto econômico da mudança do regime previdenciário para os servidores e para as

---
[2] Os projetos estão com outra numeração no Senado, mas no texto usaremos a numeração original dos projetos na Câmara.

finanças públicas, cabe comentar algumas imprecisões na redação dos projetos, bem como algumas indefinições sobre os regimes próprios de previdência dos servidores, que dificultam a avaliação do impacto das mudanças.

a) Valor da contribuição para a previdência complementar

O substitutivo aprovado pela comissão especial para o PLP nº 9 define a base de cálculo para as contribuições à previdência complementar (correspondente à diferença entre o salário do servidor e o teto do RGPS, hoje de R$ 1.300) e define também que a contribuição do patrocinador (governo) será igual à do participante. No entanto, o projeto não define qual será a alíquota desta contribuição, o que dificulta a avaliação do sistema e, principalmente, pode dar margem a grande arbitrariedade por parte do governo. Com a redação atual, nada impede, por exemplo, que o governo fixe a alíquota em 1% da base de cálculo, o que limitaria sua própria contribuição para o sistema e reduziria muito os benefícios dos servidores.

Para eliminar esta imprecisão (e o risco a ela associado) seria necessário que o projeto estabelecesse um parâmetro para a alíquota de contribuição – por exemplo, o suficiente para garantir atuarialmente uma aposentadoria equivalente ao salário atual do servidor. Também seria recomendável abrir a possibilidade de o servidor optar por uma alíquota inferior à básica (pela redação atual, o servidor pode optar ou não pela previdência complementar, mas não pode optar por aderir ao regime com uma alíquota inferior àquela que corresponde à contribuição máxima do governo).

b) Contribuição para o regime próprio

Uma das dificuldades na comparação do regime de previdência complementar com o regime próprio dos servidores é que os dois não são independentes, pois a transferência de um servidor do regime próprio para o regime complementar reduz a receita do regime próprio. Como, no regime próprio, existem limites para a despesa líquida (descontada a contribuição dos segurados) e para a relação entre a contribuição do segurado e a contribuição do governo, quanto maior o número dos servidores que aderir ao regime complementar, maior será o desequilíbrio financeiro do sistema próprio e, portanto, maior a pressão pelo aumento das contribuições dos segurados e dos inativos.[3]

Esta indefinição torna difícil fazer comparações prospectivas entre o regime próprio e o regime complementar, pois não se sabe qual será a alíquota do regime próprio. A tendência é que os governos elevem o máximo possível as alíquotas dos regimes próprios, pois mesmo antes da introdução do regime complementar a relação entre as contribuições do governo e dos servidores já ultrapassava largamente o limite de 2 X 1 estabelecido pela Lei 9.717/98.[4] Por enquanto, a única garantia de um limite para as contribuições é a decisão do STF de considerar alíquotas superiores a 20% como confisco.

Uma alternativa ao aumento das contribuições para o regime próprio seria a constituição de fundos de ativos – formados principalmente com recursos de privatização – para cobrir parte das despesas dos regimes próprios. Deixando de lado questionamentos sobre a racionalidade econômica destes fundos,[5] é pouco prová-

---

[3] Segundo o art. 2º da Lei nº 9.717/98: a) a contribuição da União, dos Estados, do Distrito Federal e dos Municípios para o regime próprio de previdência social não poderá exceder o dobro da contribuição do segurado e b) a despesa líquida com os benefícios do regime próprio (descontada a contribuição dos segurados) não poderá ser superior a 12% da receita corrente líquida da União ou do ente federativo.

[4] Segundo dados do Ministério da Previdência e Assistência Social, em 1998 a relação entre as contribuições do governo e dos segurados era de 4,7 para o conjunto do setor público, superando largamente o limite de 2 no caso tanto da União quanto dos Estados e Municípios.

[5] Alguns autores questionam a racionalidade econômica de fundos formados para cobrir benefícios previdenciários futuros de responsabilidade do governo, principalmente se forem lastreados em títulos públicos (ver a respeito Dimitri B. Papadimitriou e L. Randall Wray, "Does Social Security Need Saving?", *Public Policy Brief*, agosto de 1999). De fato, do ponto de vista macroeconômico tanto faz reduzir a dívida pública hoje com os recursos da privatização e voltar a elevar a dívida no futuro, quando do pagamento dos

vel que o governo tenha interesse em formar fundos que viabilizassem uma redução expressiva das alíquotas dos regimes próprios, até porque espera-se que o governo use as alíquotas elevadas no regime próprio para induzir a adesão dos atuais servidores ao regime de previdência complementar.

Vale notar que o provável aumento das alíquotas no regime próprio deve alcançar todos os servidores – inclusive aqueles com renda inferior ao limite de R$ 1.300 do RGPS. Se a alíquota do regime complementar (que beneficia apenas os servidores com renda superior a R$ 1.300) for inferior à do regime próprio (o que é muito provável, caso a alíquota do regime próprio seja elevada para 20%), então a mudança do sistema será claramente regressiva, penalizando mais os servidores de baixa renda que os de alta renda. Para evitar este desenlace – ou no mínimo para garantir que os servidores com renda inferior ao limite do RGPS não sejam mais penalizados que os trabalhadores do setor privado –, seria recomendável estabelecer que a alíquota de contribuição para o regime próprio, até o limite do RGPS, não poderia ser superior à alíquota de contribuição do RGPS.[6]

c) Valor dos direitos adquiridos

Outra imprecisão do PLP nº 9, que dificulta sua avaliação, diz respeito à forma como o governo assumirá o custo dos benefícios correspondentes ao serviço passado do servidor que vier a optar pelo regime complementar. O art. 14 do substitutivo da comissão estabelece que o serviço passado corresponderá a um benefício proporcional diferido a ser pago pelo governo quando o servidor se aposentar. O texto não deixa claro, no

---

benefícios ou usar recursos da privatização para formar fundos e comprar títulos públicos, e voltar a vender estes títulos ao mercado para financiar o pagamento dos benefícios.

[6] O § 1º do art. 3º do substitutivo da comissão ao PLP nº 9 dá a entender (pois está mal redigido) que a base de cálculo da contribuição para o regime próprio não poderá ser superior ao teto do RGPS nos casos em que os benefícios do regime próprio forem limitados ao teto do RGPS. Não há, no entanto, qualquer referência à alíquota destas contribuições.

entanto, se este benefício será proporcional ao salário do servidor na data da aposentadoria (o que seria melhor para o servidor) ou na data da opção. Mesmo que o benefício proporcional fosse fixado com base no salário na data da opção, seria necessário, no mínimo, estabelecer critérios para a preservação do valor real deste montante.

Vale notar que se o critério para o cálculo do benefício proporcional diferido for o salário na época da aposentadoria, será difícil calcular o valor da reserva técnica a ser aportada pelo patrocinador (o governo) à entidade de previdência complementar para transferir a esta a responsabilidade pelos benefícios diferidos (art. 14, § 1º), pois seria necessário estimar o crescimento do salário real do servidor até a data de aposentadoria. Aliás, este é um dos principais motivos pelos quais é difícil estruturar um regime de previdência complementar que garanta aposentadoria igual ao salário do último cargo ocupado pelo servidor, como ocorre no regime próprio.[7]

6.2.3. Impacto para os servidores

Feitas as ressalvas sobre as imprecisões existentes na proposta de alteração do sistema, é possível comparar o regime atual – que garante aposentadoria integral pelo último salário – com o regime complementar proposto pelo governo.

a) Impacto financeiro

O substitutivo da comissão para o PLP nº 9 prevê a possibilidade de o regime de previdência complementar ser implementado tanto na modalidade de benefício definido como na de contribuição definida. No plano de benefício definido seria fixado um valor real para as

---

[7] Para manter a consistência atuarial do sistema, seria necessário ter estimativas sobre o crescimento do salário real do servidor ao longo da carreira – o que é difícil, até porque este é um parâmetro que tende a mudar ao longo do tempo. Os planos de previdência complementar de benefícios definidos geralmente são estruturados com base em um valor real fixo para os benefícios a serem concedidos.

aposentadorias e pensões, estabelecendo-se a contribuição em valor suficiente para garantir atuarialmente estes benefícios. Nesta modalidade, o benefício seria igual ou inferior à remuneração efetiva do servidor na data de aposentadoria, pois o projeto veda a concessão de benefício definido superior ao último salário, mas não garante que o benefício será igual ao último salário (ao contrário, o texto não permite a vinculação do valor dos benefícios à remuneração efetiva do servidor).[8]

No plano de contribuição definida, o servidor contribuiria com base em uma alíquota fixa, acumulando recursos até a data de sua aposentadoria, quando então seria feito um cálculo atuarial estabelecendo o valor da aposentadoria a que teria direito. Neste caso, o servidor só saberia o valor de sua aposentadoria no final da carreira, mas em contrapartida esta poderia ser até superior ao último salário.

Do ponto de vista financeiro, a comparação entre o regime atual dos servidores e o regime complementar não depende de os planos serem de benefícios ou contribuição definida, mas de uma série de fatores que são analisados a seguir.

Considerando que a contribuição do governo no sistema complementar será igual à do servidor, o impacto financeiro para o servidor da mudança do regime próprio para o regime complementar depende de quatro variáveis:

- da taxa real líquida (descontados os custos tributários e administrativos) de retorno dos recursos aplicados pela entidade de previdência complementar;
- da alíquota de contribuição do regime próprio;
- do ritmo de crescimento do salário real do servidor;
- da idade de aposentadoria e do tempo de contribuição do servidor.

---

[8] Apesar de exigir uma engenharia atuarial complexa, não seria impossível implementar um plano que garantisse benefícios iguais ou próximos ao último salário, desde que a evolução do salário real seja relativamente previsível e desde que os participantes aceitassem contribuições variáveis ao longo do tempo.

Quanto maior for a taxa líquida real de retorno da entidade de previdência complementar, quanto maior a alíquota de contribuição do regime próprio, quanto menor for o ritmo de crescimento do salário real do servidor e quanto maior for a idade de aposentadoria e o tempo de contribuição, melhor será o regime complementar relativamente ao regime próprio de previdência.

Tomando por base parâmetros de uma entidade aberta de previdência privada e considerando que a alíquota de contribuição para o regime próprio é de 11% – que é a alíquota atual para os servidores da União –, fizemos algumas simulações simples para um servidor que estivesse entrando no serviço público com 25 anos e que fosse se aposentar aos 60 anos.[9]

Supondo que o salário real do servidor se mantivesse constante ao longo de toda sua vida profissional, o regime complementar seria financeiramente melhor que o regime próprio desde que a taxa real líquida de retorno do fundo de pensão fosse superior a 4,1% ao ano. Ou seja, para uma taxa de retorno superior, o servidor poderia contribuir com uma parcela inferior a 11% de seus rendimentos para garantir uma aposentadoria integral num sistema de benefício definido, ou poderia obter uma aposentadoria superior a seu salário num sistema de contribuição definida.

Em contrapartida, se esse mesmo servidor entrar no serviço público com um salário real de R$ 5 mil e se aposentar com um salário real de R$ 10 mil (crescimento médio de 2% ao ano), então a taxa real líquida de retorno dos recursos aplicados pela entidade fechada de previdência precisaria ser de pelo menos 6,6% ao ano para que o novo sistema fosse melhor que o antigo.[10]

---

[9] Estas simulações são apenas referências e não correspondem a exercícios atuariais precisos. Os parâmetros utilizados, que foram obtidos a partir de simulações no *site* da Brasilprev, foram os seguintes: contribuição para risco de morte (pensão) e invalidez permanente = 6,1% do salário e expectativa de vida para o contribuinte que chegou aos 60 anos pouco inferior a 76 anos de idade.

[10] Considerou-se, na simulação, que o teto dos benefícios do RGPS será corrigido apenas pela inflação. Se este teto for corrigido acima da inflação,

Embora estes números possam diferir um pouco num exercício atuarial preciso, o importante é notar que o regime complementar é muito melhor para servidores com baixa perspectiva de crescimento salarial que para os servidores que esperam ter aumento significativo de salário real ao longo da carreira.

A comparação entre os sistemas depende também da alíquota de contribuição para o regime próprio. Apenas como exemplo, se a alíquota do regime próprio fosse elevada para 20%, as taxas líquidas reais de retorno correspondentes às simulações realizadas acima cairiam para apenas 1,2% e 3,7%, tornando o regime complementar bem mais atrativo que o regime próprio.

Por fim, como a relação entre os regimes depende da idade de aposentadoria e do tempo de contribuição dos servidores, o regime complementar tende a ser mais favorável aos novos entrantes no serviço público – que pela emenda constitucional nº 20 só poderão se aposentar após 60 anos (homens) ou 55 anos (mulheres) – que para os atuais servidores, que podem se aposentar com uma idade mais baixa.

b) Riscos do sistema complementar

Uma das principais diferenças entre o regime complementar e o regime próprio é que o último está isento de risco, enquanto o primeiro possui um grau de risco não desprezível. Uma queda da rentabilidade do fundo de pensão – em função de redução dos juros ou de má gestão dos recursos – ou uma elevação da expectativa de vida da população exigem ajustes no sistema complementar que passam ou pela redução dos benefícios a conceder ou por um aumento das contribuições.[11]

---

então a taxa de retorno necessária para igualar os dois sistemas seria mais baixa. Em todas as simulações estimou-se uma taxa de inflação de 2,5% ao ano.

[11] Também é verdade que uma rentabilidade superior à esperada poderia dar margem a uma redução das contribuições ou um aumento dos benefícios. Segundo o PLP nº 10, no entanto, o superávit financeiro deve ser alocado primeiramente na formação de reservas e só depois na elevação dos benefícios ou redução das contribuições.

Em princípio, o ajuste se dá via elevação da contribuição na modalidade de benefícios definidos e via redução da aposentadoria na modalidade de contribuição definida. Nada impede, porém, que o ajuste seja feito via redução da aposentadoria programada nos planos de benefício definido e que as contribuições sejam elevadas compensatoriamente nos planos de contribuição definida.

No limite, uma gestão financeira desastrosa ou turbulências macroeconômicas muito acentuadas podem levar à perda total ou quase total dos recursos do fundo de pensão (como ocorreu com os montepios, que além de mal geridos não estavam preparados para sobreviver à turbulência do final dos anos 70 e 80). A legislação atual e as propostas em tramitação no Congresso não prevêem qualquer garantia aos segurados nestas hipóteses – o que talvez faça sentido do ponto de vista econômico, mas certamente não faz do ponto de vista social. O máximo que o PLP nº 10 garante é a possibilidade de intervenção por parte do órgão regulador e fiscalizador em entidades que estejam sendo mal geridas.

6.2.4. Impactos para o setor público

A mudança do regime próprio para o regime complementar tem um impacto negativo para as contas públicas no curto prazo, na medida em que o governo tem de continuar mantendo os benefícios dos servidores já aposentados, deixa de arrecadar as contribuições (sobre a parcela dos salários superior ao limite do RGPS) dos servidores que aderirem ao regime complementar e tem um gasto adicional, na medida em que é obrigado a contribuir para o regime complementar em montante igual ao da contribuição dos servidores. Este impacto negativo sobre as contas públicas no curto prazo será tão maior quanto maior for a adesão dos atuais servidores ao regime complementar.

No longo prazo, no entanto, haveria uma redução nas despesas públicas, na medida em que o governo deixaria de ser responsável pelo pagamento de benefícios para os funcionários que aderirem ao regime complementar. O saldo líquido para as contas públicas no longo prazo dependeria da comparação entre o custo adicional no curto prazo acrescido dos juros sobre este custo e a economia com o pagamento de benefícios no longo prazo.

O impacto de longo prazo da mudança de sistema para as contas públicas depende, portanto, do custo real da dívida pública nos próximos anos e de outros fatores, que são exatamente os mesmos que definem o impacto financeiro para os servidores (em sentido inverso): a) alíquota de contribuição para o regime próprio; b) ritmo de crescimento do salário real dos servidores; c) idade de aposentadoria e tempo de contribuição.

De modo geral, a adoção do novo sistema será tão melhor para as finanças públicas quanto menor for a taxa real de juros sobre a dívida pública; quanto menor for a alíquota de contribuição para o regime próprio; quanto maior for o ritmo de crescimento do salário real dos servidores e quanto menor for a idade de aposentadoria e o tempo de contribuição dos servidores.

Não deixa de ser estranho que o governo proponha a introdução do regime complementar exatamente após promover mudanças prolongando a idade de aposentadoria dos servidores e quando está defendendo aumento das contribuições dos servidores – duas mudanças que tornam o novo sistema menos atrativo que o antigo.

As simulações realizadas no item 6.2.3. *(a)* valem também para a avaliação do impacto fiscal de longo prazo da mudança no sistema. Assim, mantida a atual contribuição de 11% dos servidores para o sistema próprio, para um funcionário entrando no serviço público aos 25 anos e se aposentando aos 60, a mudança de sistema será positiva para as finanças públicas no longo prazo se o custo médio real da dívida pública for inferior a 4,1% a.a. – caso o salário real do funcionário permaneça constante –, ou se for inferior a 6,6% a.a. – caso o salário real do funcionário cresça à taxa de 2% a.a.

Se, no entanto, a alíquota de contribuição dos servidores for elevada para 20%, o novo sistema só será vantajoso no longo prazo para as contas públicas se o custo médio real da dívida pública for inferior a 1,2% a.a. no primeiro caso e 3,7% a.a. no segundo – o que é muito pouco provável.

Em particular, cabe questionar a conveniência da transição para o novo regime de previdência complementar na atual conjuntura das contas públicas. Por um lado, o custo fiscal de curto prazo da transição pode dificultar a trajetória de estabilização da dívida pública, que é um dos principais determinantes do grau de confiança no País. Por outro lado, e principalmente, os juros reais ainda estão excessivamente elevados (14,9% em 1999 e 10,6% nas projeções para 2000),[12] bem acima do nível que torna o novo sistema mais favorável para as contas públicas que o sistema atual, o que significa que – mesmo do ponto de vista da trajetória de longo prazo das contas públicas – seria equivocado precipitar a transição.

6.2.5. O substitutivo global apresentado pelo Executivo

O substitutivo global apresentado pelo Executivo ao PLP nº 9 traz várias mudanças em relação ao texto aprovado pela comissão especial, sendo que duas merecem destaque.

Uma é a especificação de que a contribuição do patrocinador (o governo) não poderá ser superior à do participante (o texto da comissão especial estabelecia que deveriam ser iguais). Esta mudança abre a possibilidade, por exemplo, de que o governo reduza sua contribuição relativamente à dos servidores, caso a rentabilidade

---

[12] O deflator correto para estes cálculos é o índice de preços ao consumidor (foi usado o IPCA), pois a comparação relevante é com a evolução dos salários reais.

dos recursos aplicados no fundo de pensão esteja elevada – eliminando assim eventuais ganhos dos servidores com a mudança de sistema.

A principal alteração proposta pelo substitutivo do Executivo é, no entanto, a determinação da utilização exclusivamente da modalidade de contribuição definida e, principalmente, a obrigatoriedade de aquisição da cobertura por morte (pensão) e invalidez e da renda mensal vitalícia (aposentadoria por idade ou tempo de contribuição) em entidade aberta de previdência complementar ou seguradora que opera exclusivamente no ramo vida de livre escolha do participante.

Na prática, o que o governo propõe é transformar as entidades de previdência complementar dos servidores públicos em meros fundos de investimento, na medida em que as coberturas previdenciárias de pensão por morte, aposentadoria por invalidez e aposentadoria por idade ou tempo de contribuição teriam de ser adquiridas em entidades privadas, de livre escolha do servidor.

O sistema funcionaria da seguinte maneira: as coberturas por morte e invalidez seriam adquiridas de entidades privadas através do direcionamento de uma parte das contribuições mensais,[13] enquanto o benefício de aposentadoria vitalícia seria adquirido pelo servidor, quando se habilitasse à aposentadoria, através da transferência das reservas acumuladas em seu nome no fundo de investimento para uma entidade privada, que se responsabilizaria pelo pagamento dos benefícios mensais.

Antes de avaliar o objetivo e o impacto desta proposta, cabe destacar que estas mudanças de última hora não são consistentes com o resto do projeto. Assim,

---

[13] O texto não é claro a este respeito, fazendo referência apenas à utilização das reservas individuais acumuladas para a aquisição das coberturas. No entanto, como as coberturas por morte e por invalidez só fazem sentido se adquiridas ao longo do período contributivo, isso significa que teriam de ser pagas com parte da contribuição mensal para a previdência complementar (ou, no máximo, pagas em parcelas anuais).

por exemplo, o projeto (bem como o PLP nº 8) faz referência à definição de critérios para os "planos de benefícios", o que não faz sentido com a mudança, pois os planos de benefícios serão negociados pelos servidores com as entidades privadas.

O objetivo da mudança é muito claro: eximir os fundos de pensão dos servidores de qualquer risco e responsabilidade que poderiam decorrer do pagamento dos benefícios previdenciários. Em outras palavras, isto significa que, para o governo, estes fundos de pensão são incapazes de fazer os cálculos atuariais necessários para a definição dos benefícios (mesmo com a supervisão do órgão regulador e fiscalizador), enquanto as entidades privadas são capazes de fazer estes cálculos. Obviamente trata-se de um prato cheio para as entidades abertas de previdência privada e seguradoras, que passariam a ter um mercado cativo.

Do ponto de vista econômico, a principal conseqüência da mudança seria um aumento expressivo do custo administrativo do sistema. Por um lado, este custo decorreria da necessidade de manter duas estruturas gerenciais paralelas: uma no fundo de pensão dos servidores e outra na entidade privada.

Por outro lado, e principalmente, como a aquisição das coberturas das entidades privadas seria feita individualmente, haveria um enorme custo de *marketing* e vendas decorrente da disputa de clientela pelas entidades privadas. O exemplo chileno é exemplar a este respeito: nos primeiros dez anos de operação do sistema (semelhante ao proposto pelo governo, pois tornava obrigatória a aquisição de cobertura em entidades privadas), os custos administrativos consumiram cerca de um terço da rentabilidade bruta do sistema, sendo que os gastos de *marketing* e vendas responderam por cerca de um terço destes custos.[14] A situação pode ser ainda pior no Brasil pois, pela proposta do governo, haveria duas

---

[14] Discurso de Arthur Levitt, chairman da U.S. Securities and Exchange Comission realizado em 1998 e citado em editorial da Monthly Review.

rodadas de vendas das entidades privadas para os servidores públicos: uma para as coberturas de morte e invalidez e outra para a renda mensal vitalícia.

A questão dos custos administrativos do sistema está longe de ser irrelevante. Para compreender este argumento, é preciso ter em conta que, para o governo e para os servidores tomados em conjunto, o regime complementar só será melhor que o regime próprio se a rentabilidade líquida (de despesas administrativas) dos recursos aplicados no fundo de pensão for superior ao custo da dívida pública.[15]

Em outras palavras, se as despesas administrativas forem tais que a rentabilidade líquida dos recursos aplicados na previdência complementar seja menor que o custo médio da dívida pública, então o conjunto governo mais servidores sairá perdendo com a transição: ou governo e servidores saem perdendo, ou os ganhos de um são menores que a perda do outro (ou seja, se houver algum ganho para os servidores este será menor que o custo fiscal de longo prazo ou, se houver algum ganho fiscal, este será menor que a perda dos servidores). Nesta hipótese, a transição beneficiaria apenas as instituições financeiras privadas, pois seria possível atingir resultados melhores tanto para o governo como para os servidores dentro do regime próprio, sem recurso à previdência complementar.

6.3. Comentários finais

Se há alguma característica que merece destaque na análise dos projetos que tratam da regulamentação do regime complementar de previdência para os servidores públicos é seu baixo grau de maturação. Essa imaturida-

---

[15] Este ponto fica mais claro quando consideramos que – quantitativa e qualitativamente – os fatores que determinam os eventuais ganhos dos servidores com a transição são os mesmos fatores que determinam a perda fiscal de longo prazo, com a diferença de que os ganhos dos servidores dependem da remuneração real líquida dos recursos aplicados no fundo de pensão, enquanto as perdas do governo dependem do custo real médio da dívida pública (ver itens 6.2.3.*a* e 6.2.4, acima).

de revela-se em imprecisões do projeto que podem afetar seriamente os direitos dos servidores, bem como numa análise inadequada dos custos e benefícios fiscais da mudança, pois, como se demonstrou acima, enquanto as taxas reais de juros permanecerem no nível excessivamente elevado em que estão hoje, a transição do sistema será prejudicial para as contas públicas.

Mais preocupante é que as mudanças de última hora sugeridas pelo governo – que, travestindo-se em Pôncio Pilatos, confunde responsabilidade fiscal com renúncia à assunção de responsabilidades – elevam custos administrativos e são completamente inconsistentes com o perfil ideal de um plano de previdência complementar.

Do ponto de vista estritamente econômico, a introdução de um regime complementar para a previdência dos servidores públicos pode até ser positiva. A falta de clareza sobre o tema e a pressa em sua regulamentação, no entanto, podem comprometer os eventuais benefícios da mudança tanto para as finanças públicas como para os servidores.

Novembro 2000.

7. A questão da previdência complementar

JOSÉ AQUINO FLÔRES DE CAMARGO

Desembargador do Tribunal de Justiça RS e Presidente da Associação dos Juízes do Rio Grande do Sul - AJURIS (biênio 2001-2002). Professor da Escola Superior da Magistratura nas disciplinas de Direito Administrativo e Prática de Processo Civil.

Nos termos da Constituição Federal, o regime de previdência é um *dever* do Estado, sendo de filiação obrigatória e compreende um regime geral e outro especial, este último próprio dos servidores titulares de cargo efetivo, previsto no art. 40 da Constituição Federal.

O art. 40, §§ 14, 15 e 16, da Constituição Federal estabelece que a União, os Estados, o Distrito Federal e os Municípios poderão instituir regime previdenciário complementar para seus respectivos servidores, devendo a matéria ser disciplinada por lei complementar, observado o disposto no art. 202, que estabelece os princípios gerais ao regime complementar. *O projeto, tal qual concebido pelo Executivo, não indica, de forma clara e precisa, o seu caráter facultativo da adesão ao regime, tanto em relação aos servidores já em exercício à data de sua implementação quanto para os que ingressarem após esse evento.* E, mais que isso, a redação do *caput*, do art. 3º da emenda substitutiva enviada pelo Executivo estabelece que a opção só poderá se dar pelo "teto" estabelecido pelo Regime Geral da Previdência Social, criando limitação obrigatória não contemplada no texto constitucional.

Pelo inciso I, do art. 4º, *os recursos, poupados durante a fase laborativa da vida do servidor são desviados para um FUNDO DE INVESTIMENTO ESPECIALMENTE CONSTITUÍDO, que, portanto, só poderia ser administrado por instituição financeira e seriam regulamentados pela área econômica do governo*. Não existe regra alguma sobre a administração de tão volumosa carteira, ficando ao inteiro arbítrio do administrador a alocação de recursos que estão sendo poupados em um único FUNDO. Com isso, aumentam-se os riscos dos investimentos das entidades fechadas. *E há previsão de utilização exclusiva de planos de benefícios na modalidade contribuição definida com base na aludida remuneração das reservas durante o período de contribuição.*

Ainda, o inciso II do mesmo art. 4º prevê *a transferência obrigatória dos benefícios por morte, invalidez e por aposentadoria para uma entidade aberta ou seguradora*. Ambas integram o regime de previdência complementar, mas se distinguem das entidades fechadas, pois buscam o lucro. É evidente que a transferência terá este norte, resultando que grande parte da poupança será destinada a remunerar tal entidade aberta ou a seguradora que for escolhida para administrar tais recursos. E não há qualquer critério para a escolha das sociedades que receberão tais recursos formados com a poupança do servidor público e do ente estatal. Sendo a entidade fechada de direito privado, nenhuma regra da administração pública lhe será aplicável. E, repita-se, a *compra da renda mensal vitalícia em entidade aberta de previdência complementar ou seguradora, de 'livre' escolha do participante, se dará mediante portabilidade das respectivas reservas individuais acumuladas.*

Por outro lado, a *definição de serviço passado* foi retirada do projeto de lei substitutivo enviado pelo Executivo, outorgando pleno arbítrio ao administrador para estabelecimento quanto ao tempo de serviço anterior à adesão ao plano de benefícios de previdência complementar. O serviço passado corresponde a um benefício proporcional, a ser pago pelo patrocinador do plano como benefício de renda na aposentadoria programada, na invalidez e na pensão por morte. Ao não estabelecer – o que é indesejável – qual período será considerado como serviço passado, o Substitutivo poderá levar ao entendimento de que ele se limita ao período correspondente ao último empregador, retirando do servidor público a garantia da contagem recíproca.

Pelos treze destaques em votação ao Substitutivo apresentado pelo Deputado Robson Tuma – PL09, aprovado em 28/11/00, busca-se preservar o sistema público, assegurando a efetiva facultatividade da opção e a integralidade dos proventos de aposentadoria, resgatando, assim, a idéia do benefício definido. Mas as perspectivas de êxito na aprovação dos destaques são poucas, especialmente porque eles mudam substancialmente a feição da proposta do Governo, *tornando muito menos atraente o negócio proposto pelo mercado.*

Um dos destaques, todavia, tem especial relevo para a classe, pois pretende plasmar, de forma expressa, que o projeto é inaplicável aos membros do Poder Judiciário, remetendo a regulamentação do tema à iniciativa do Supremo Tribunal Federal, na forma do art. 93, VI, da Constituição Federal. As projeções são favoráveis no sentido de sua acolhida, ao menos pelo que se percebeu no âmbito da Câmara dos Deputados. Contudo, é preciso obter-se o envolvimento político da cúpula do Judiciário, cujo pensamento a respeito não restou bem esclarecido. E, de qualquer sorte, a aprovação da previdência complementar, nos moldes em que proposto, poderá ser, lamentavelmente, um triste horizonte para a magistratura...

Em suma, a luta é no sentido de assegurar a garantia constitucional da aposentadoria integral. Para tanto, a constatação inevitável de que a previdência complementar não poderá colher obrigatoriamente os titulares de cargos efetivos que hajam ingressado ou venham a ingressar no serviço público antes da instituição desta modalidade previdenciária – art. 40, § 16, da CF. Vale dizer, se as pessoas jurídicas de capacidade política pretenderem manter regime complementar do teto alimentada por outros fundos, nem por isso estarão imunes ao dever de assegurarem aos seus servidores a integralidade dos proventos da aposentadoria. Isso porque os servidores públicos atuais e futuros têm o direito à aposentadoria integral. Significa que o regime de aposentadoria dos titulares de cargo efetivo deve ser instituído e mantido pelo Poder Público. Em última instância, é imperativo que siga tendo o caráter público.

Algumas observações sobre a reforma do IPERGS

É profunda a inquietação sobre o projeto da previdência pública gaúcha. Diagnóstico realizado pelo Tribunal de Contas do Estado a partir de pedido do juízo da 4ª Vara dos Feitos da Fazenda Pública, constatou a superação do atual modelo previdenciário, especialmente no tocante às fontes de custeio. Segundo o relatório, haveria um déficit na área. E ele não seria resultado da falta de repasses dos recursos devidos pelo Tesouro, mas decorrente do desequilíbrio financeiro entre o fluxo de contribuições dos segurados e o pagamento de pensões. Consta que o IPERGS realizava o pagamento das duas folhas de pensionistas à custa dos desvios dos recursos da área médica. Mas, com o aumento das obrigações decorrentes da integralidade, o Instituto teria se restringido a pagar a folha normal, já que – segundo referências do Governo – *a situação passou a comprometer a manutenção dos serviços médicos*. A par disso, há que se contabilizar um passivo projetado para o ano de 2001 equivalente a R$116 milhões a título de precatórios.

Atualmente, os servidores públicos contribuem com 5,4% sobre sua remuneração para a previdência e 3,6% para a área médica. E, pelo levantamento feito pelo

Consórcio Azulprev, *seria necessária uma contribuição de 25%, de inativos e ativos, para cobrir o déficit financeiro.*

Logo se percebe as inúmeras dificuldades na restauração do IPERGS. Mas isso não pode justificar, de outro lado, a verdadeira proposta de "confisco" embutido no projeto que teria sido gestado pela comissão paritária existente entre os poderes de Estado. Não se pode negar que a legislação estabelece critérios para garantir equilíbrio financeiro e atuarial, definindo a participação dos servidores no Regime Próprio, mas isso não exclui a participação do Poder Público na condição de seu patrocinador.

Dois aspectos merecem destaques: o primeiro, ainda que o projeto tenha um nítido cunho de confisco, é a constatação de que o princípio da previdência pública é mantido; o segundo revela a omissão do Poder Público em responder pela dívida histórica do Estado em relação à autarquia, pretendendo repassar, de forma exclusiva, o encargo ao funcionalismo público. Não apenas isso, como negando a possibilidade da existência de mais de um órgão previdenciário por ente público, o que, talvez, seja uma idéia a ser perseguida, forma de descentralizar e tornar mais fácil a fiscalização da administração da previdência. Como afastar a possibilidade da criação de um Instituto Público da magistratura e dos servidores do Judiciário? Estudos atuariais elaborados pela AJURIS demonstram que isso é possível, notadamente tendo presente que há responsabilidade do Estado, na condição de patrocinador, pela instituição e manutenção do Fundo.

Ainda, é questionável – e há de se discutir a conveniência – da compulsoriedade da contribuição para assistência à saúde, o que é diferente da possibilidade do desconto para esse fim. Repita-se que é preciso discutir-se a qualidade dos serviços prestados pelo Estado nessa área, especialmente se convém que eles assim sejam mantidos, quando expressiva a contribuição e indispensável a existência do plano complementar. Cediço que boa parte da magistratura vem contribuindo para o seu plano privado – DAS –, que, efetivamente, tem sido a segurança de proteção nessa área. No particular, a Constituição refere apenas que a saúde é direito de todos e dever do Estado, com acesso universal e igualitário às ações e serviços postos à disposição (art. 196), silenciando quanto ao quesito contribuição, em relação ao qual é expressa na assistência social no sentido de dispensá-lo, e é expressa na previdência no sentido de exigi-lo.

Conclusão

A AJURIS tem atuado, com firmeza e insistência, no intento de manter a previdência pública, notadamente o *dever e a responsabilidade do Estado,* assegurando os *direitos adquiridos* e preservando os *princípios constitucionais* que vigoram no campo do sistema previdenciário. Entendimento este baseado na idéia de que, só assim, será possível evitar o sucateamento e o verdadeiro desmonte do serviço público.

Desta forma, a entidade vem liderando luta conjunta com outras associações de servidores públicos. A estratégia inclui a tentativa de influir no processo legislativo de instituição da previdência complementar, ora em tramitação no Congresso Nacional, afastando-se, assim, os absurdos propostos pela idéia neoliberal de privatização do sistema e a insegurança geral representada pela velhice desamparada, espelhada na aposentadoria aviltada.

Embora as dificuldades conhecidas, dado ao desconhecimento preocupante da mídia em face do assunto e aos interesses contrariados dos grandes conglomerados econômicos, adotou-se a estratégia do debate público, sublinhando-se a forma inexplicável como o tema vem sendo tratado, plano que vem sendo bem sucedido na medida em que retirado - ao menos em relação a um dos projetos - o regime de urgência de sua tramitação na Câmara dos Deputados.

Mas a luta não se resume a esta esfera. A AMB, através de atuação vigorosa de colegas que atuam no Departamento de Assuntos Constitucionais da AJURIS, obteve pareceres dos juristas Celso Antônio Bandeira de Mello e Dalmo de Abreu Dallari, e do economista Luiz Gonzaga de Mello Belluzzo, munindo-se, assim, de argumentos consistentes no sentido das diversas inconveniências e inconstitucionalidades do projeto de previdência complementar.

Isso, por óbvio, sinaliza para a discussão eventual futura acerca da constitucionalidade de alguns dispositivos que tentam, de forma sub-reptícia, corromper com princípios que norteiam a previdência pública. Discussão essa que se dará, caso necessária, tanto no âmbito da Suprema Corte, como pelo controle indireto através dos juízos singulares.

A situação reinante em toda a América Latina, a exemplo do plano instalado no Chile ainda sob a égide da ditadura militar, é evidência, no mínimo, de que a reforma previdenciária em andamento no Congresso Nacional põe em risco o instituto da *aposentadoria*. As idéias do Banco Mundial sobre a previdência para o hemisfério sul *têm como base um plano privado e obrigatório de capitalização completa e cotas definidas para cada trabalhador*. As aposentadorias seriam regidas por meio dos regimes de poupanças compulsórios na base de contribuições definidas. Os benefícios dependeriam da acumulação dos aportes, segundo uma taxa específica e não existiriam garantias quanto ao que se receberá. As referências nos países vizinhos são de rentabilidade acumulada negativa nas associações de fundos de pensões chilenos, evasão entre 40% e 50% dos participantes e insegurança constante quanto à aposentadoria. *Ou seja, o benefício é incerto, mas a comissão é certa.* (*Revista Carta Capital, abril de 1998*)

No sistema, assim proposto, há uma verdadeira *privatização da aposentadoria*, transformando-a simplesmente em mercadoria a ser negociada no mercado financeiro. O cidadão trataria de comprar o benefício, omitindo-se o Estado da sua função de assegurar a velhice digna. Em conseqüência, o poder público estará alimentando a especulação do capital e eliminando direitos do cidadão. Além disso, os especialistas em economia advertem para os elevadíssimos custos da transição rumo ao sistema de capitalização, relativos à responsabilidade de o governo pagar as aposentadorias vigentes sem mais contar com a receita proveniente do atual desconto em folha.

E – estranhamente – consta que nenhum país europeu está interessado no modelo americano. A conclusão do Parlamento europeu em março de 1997 é de que a maioria dos estados-membros da comunidade concentra esforços para garantir a continuidade dos regimes públicos de repartição.

Em suma, o Brasil está *privatizando a cidadania*, transformando-a em mercadoria, alimentando a especulação dos grandes negócios e eliminando direitos assegurados por cláusulas pétreas de nossa Constituição. Os exemplos próximos nos animam a lutar no sentido de assegurar a continuidade do serviço público, responder por uma velhice com dignidade, forma de preservar os mais elementares valores humanos. E, nesse particular, não cabe ceder às forças externas, despreocupadas com a qualidade e a dignidade de vida da nossa gente, mas meramente vinculadas com o retorno do lucro, pouco importando que seja ele à custa da miséria e do aniquilamento de uma nação.

Porto Alegre, agosto de 2001.

8. Breves notas em torno das questões constitucionais que o art. 4º do PLC 9/99 suscita

BRUNO SÉRGIO DE ARAÚJO HARTZ
Professor de Direito Constitucional da Faculdade de Direito da UFRGS, onde chefiou o Departamento de Direito Público e Filosofia. Professor de Teoria Geral do Estado e Direito Constitucional na UNISINOS e na PUC/RS.

Entidades representativas do serviço público no Rio Grande do Sul dirigem-me consulta acerca das questões constitucionais que especialmente o artigo 4º do PLP 09/99 suscita. Em síntese, se tal disposição é compatível com o direito à segurança previsto na Constituição da República.

Ao que respondo.

1. Esse projeto de lei complementar, que se encontra em regime de urgência, dispõe sobre as normas gerais para a instituição de regime de previdência complementar pela União, pelos Estados, pelo DF e pelos Municípios, para atender aos seus servidores titulares de cargo efetivo, nos termos do art. 40 (§§ 14, 15 e 16) da Constituição Federal. Além do projeto original do governo e de um substitutivo aprovado por Comissão Especial da Câmara dos Deputados, há emenda substitutiva global do Poder Executivo, que, ao que tudo indica, será apresentada ao Plenário daquela Casa do

Congresso Nacional. Praticamente anula o trabalho proficiente desenvolvido pelo Relator na Comissão, Deputado Robson Tuma, que sintetiza, no susbstitutivo que apresentou, as posições e os reclamos dos partidos políticos com assento na Câmara dos Deputados.

2. À União compete legislar concorrentemente sobre previdência social (CF, art. 24, XII). A legislação concorrente, como é cediço, limitar-se-á a normas gerais. Os demais entes que compõem a Federação desenvolverão, por seus poderes legislativos próprios (competência própria), os princípios estabelecidos pela União. Se o Congresso Nacional for além de suas atribuições, legislando especificamente sobre a matéria para os Estados, o DF e os Municípios, inconstitucional será a legislação, por comprometer a forma de Estado (federal). Assim, não tem sentido a regra do art. 5º do substitutivo do Relator ao PLC 09 quando assinala que os entes federativos, aí incluída a União, estabelecerão "os critérios e as normas mínimas indispensáveis à implantação dos respectivos planos de benefícios, observadas as normas gerais previstas na legislação federal". Os Estados, o DF e os Municípios elaborarão as normas previdenciárias que forem indispensáveis, desde que não vão além das normas gerais. Somente isto.

3. Neste ponto, a redação proposta está viciada. É inconstitucional porque os entes federados restariam atrelados, vinculados às normas fixadas pelo órgão regulador e fiscalizador das entidades fechadas de previdência complementar, no caso, o MPAS. Ora, estamos, ao mesmo tempo, diante de cláusulas gerais elaboradas pela União (CF, art. 24, XII), e atrelamento, por essas cláusulas, ao MPAS, quando não ao MF (cfr. art. 74 do PLC 10/99, que dispõe sobre o regime de previdência complementar, projeto esse que, juntamente com outro de nº 08/99, estabelece verdadeira estrutura previdenciária com o PLC 09). Afinal, há ou não regime federativo no País? O PLC 10/99 não trata de normas gerais,

mas disciplina as entidades de previdência, fechadas e abertas, revogando, por isso mesmo, a Lei nº 6.435/77. Trata, sim, do regime jurídico das entidades de previdência privada.

4. A Lei nº 6.435/77 introduziu reformas substanciais no regime das entidades de previdência privada. É o que o Governo também está pretendendo fazer pelos PLC 09 e 10, ambos de 1999. Com a diferença que a Lei de 77, que ainda as rege, não obstante prever entidades fechadas e abertas de previdência social, não teve aquelas como meras administradoras das poupanças individuais, obrigadas, ao tempo da concessão do benefício, a repassar integralmente seus recursos a uma entidade aberta, que irá pagar esses benefícios. É o que está no art. 4º do PLC 09, com a redação dada pela emenda substitutiva do Poder Executivo. Esta disposição é problemática sob o ponto de vista constitucional. Levando em conta os limites estreitos deste estudo, fixemos a nossa atenção sobre a mesma.

5. A previdência social é um dos esteios da seguridade, que inclui ainda a saúde e a assistência social. É, pois, garantia de direito social. A seguridade é o conjunto de direitos-meio, visando a efetivar direitos fundamentais de titulares socialmente frágeis (idosos, crianças, inválidos etc.). Daqueles que não podem - que já não podem ou que ainda não podem - competir na vida social em igualdade de condições. Os arts. 6º e 193 da CF dizem quais são eles. Na lição sempre atual de Rui Barbosa (*República: teoria e prática* [textos doutrinários sobre direitos humanos e políticos consagrados na primeira Constituição da República], p. 121 e 124), é preciso distinguir no texto da lei fundamental as disposições meramente declaratórias de direitos reconhecidos, das assecuratórias desses direitos. Estas últimas limitam o poder político e os poderes sociais. Põem limites para que se abstenham de fazer ou para que obrigatoriamente façam algo. Aquelas, as declaratórias, reconhecem

direitos, no caso, os de viver na condição de idoso, de criança, de inválido, entre outros. Os direitos fundamentais de 2ª geração, não menos fundamentais do que os de 1ª geração, vêm sendo descobertos, desvelados ao longo do tempo, desde o projeto constitucional dos jacobinos (1793), passando pela II República francesa (1848), que se consolida na Constituição de Weimar (1919). Em suma, esses direitos consideram o homem em suas relações sociais concretas, na observação desse convívio entre fracos e fortes, para que possam aqueles competir em igualdade de condições com estes? Socorre-os o poder público, impedindo que vaguem à mercê da sorte. Definiu-se ser missão do Estado protegê-los do medo da velhice, da infância, da invalidez e da doença, para que tenham, os mais fracos, condições de conviver com dignidade e sem o temor do desamparo.

6. A seguridade social, compreendida como "um conjunto integrado de ações de iniciativa dos Poderes Públicos e da sociedade, destinadas a assegurar os direitos relativos à saúde, à previdência social e à assistência social" (art. 194), exatamente porque seguridade, inclui-se no direito à segurança não de todos mas dos socialmente frágeis - especialmente dos idosos, das crianças, dos inválidos e dos doentes. Quando o Presidente Roosevelt pronunciou o célebre discurso sobre as quatro liberdades, mencionou a liberdade do medo. Esta não diz respeito apenas ao temor dos arrestos sem o devido processo legal. Também envolve o medo de ficar ao desamparo quem já não pode - ou ainda não pode - lutar pela vida. Dos temores, o do futuro, sem forças para enfrentá-lo, parece ser o pior de todos. Nem outra coisa asseverou o ilustre e saudoso Deputado Fernando Ferrari, em sua *Mensagem Renovadora*, Porto Alegre, Editora Globo, 1960: "Se de um lado a Medicina, com os notáveis esforços assinalados no campo das descobertas, e de outro lado os pesquisadores, descortinando novas técnicas de alimentação e prevenção contra a doença, troxeram ao indivíduo a realidade de uma vida mais

longa, mais útil e mais sadia, provocaram, também, a aparição e o desenvolvimento desse fantasma, ainda não superado pela ciência, que faz com que o homem alimente inexoravelmente um medo: o de envelhecer sem amparo". A velhice só é honrada na medida em que resiste, afirma seu direito, não deixa ninguém roubar-lhe seu poder e conserva sua ascendência sobre os familiares até o último suspiro (Marco Túlio Cícero, *Saber Envelhecer e a Amizade*, trad. Paulo Neves, Porto Alegre, L&PM, 1997, p. 32). Daí a importância da previdência social como conjunto de direitos públicos subjetivos. No plano internacional, a Declaração Universal de Direitos do Homem, das Nações Unidas, da qual o Brasil é signatário, estabelece, em seu artigo XXV, que "Todo homem tem direito (...) à segurança em caso de desemprego, doença, invalidez, viuvez, velhice ou outros casos de perda dos meios de subsistência em circunstâncias fora de seu controle". É, pois, a previdência social o principal meio de realização da seguridade social (Wladimir Novaes Martinez, *Comentários à lei básica da previdência social*, São Paulo, LTr, 1997, p. 19).

7. Pois bem. O art. 4º do PLC 09/99 determina que as entidades fechadas de previdência, entes de colaboração da administração pública no dizer de Hely Lopes Meirelles (*Direito Administrativo Brasileiro*, 15ª ed., RT, p. 331) e Sérgio D'Andréia Ferreira (*Aspectos Básicos do Moderno Direito das Fundações de Previdência Suplementar*, RDA, 172:22-3), repassem integralmente seus recursos (amealhados com as poupanças individuais dos contribuintes) às entidades abertas de previdência, no momento da concessão dos benefícios. Quer dizer: o benefício previdenciário complementar passa a ser um simples produto comprado no mercado, com os recursos provenientes do montante acumulado nos fundos de pensão (entidades fechadas de previdência), sujeito, é claro, às suas oscilações. Nada mais incompatível com o direito à segurança (liberdade do medo) do que as flutuações e riscos do mercado. Ora, a velhice, a invali-

dez, a infância e a doença precisam de certeza, não de riscos. Estes são inerentes à atividade daqueles que ainda lutam pela vida, que produzem, não aos que encerraram o ciclo de vida economicamente produtiva, que passaram a ser consumidores de segurança material (ver, por todos, Pierre Duclos, *L'Évolution des Rapports Politiques depuis 1750*, págs. 154-6). As entidades abertas de previdência possuirão, como patrimônio seu, a capitalização posterior à concessão do benefício. Fragiliza-se, destarte, os fundos de pensão ou entidades fechadas, estas sim, como até aqui (Lei nº 6.435/77), entes que colaboram com o Poder Público, portanto, de natureza jurídica quase-pública.

8. Dir-se-á que não existe direito dos funcionários públicos a um regime jurídico imutável, sendo um privilégio odioso destinado a eles um plano previdenciário diferenciado dos demais empregados no País, e que se trata apenas de previdência complementar. É certo que inexista imutabilidade do regime jurídico administrativo, mas o de que se cogita é que o funcionário público, ao ingressar no serviço público, fez uma opção de vida. Poderia ter sido isto ou aquilo, fora do serviço público. Optou, no entanto, por uma carreira pública. Fez concurso, as leis prometeram-lhe um regime de remuneração e a lei das leis uma aposentadoria atrativa. Baseados na presumível boa-fé dos governantes, enquanto órgãos do Estado, que é seu avalista, muitos ingressaram na função pública. Foram para dentro do Estado, sistema nervoso da sociedade. E o foram porque lhes convinha o regime jurídico prometido pelas leis e pela Constituição. Especialmente atraídos pela causa final - a garantia da aposentadoria, segurança material ao fim da jornada etc. -, que é, para a vida consciente do homem, a causa das causas. De modo que não haver direito a um regime jurídico é uma coisa, burlar a boa-fé e enveredar, a legislação, por um caminho que subverta tal regime, surpreendendo o homem enquanto funcionário público durante a jornada, ou

próximo de seu termo, é precisamente o que não se espera dos que praticam e decidem as políticas e os atos jurídicos estatais. Cuida-se da aplicação, no direito público, de antiga regra de direito, *venire contra factum proprium non potest*, derivada do princípio geral da boa-fé, que se funda no dever de atuar coerentemente. A falta de coerência dos governantes no trato dos assuntos previdenciários é manifesta. A regra antes citada sanciona a má conduta; ou seja, o comportamento incoerente. Não pecam os que se decidem pelas carreiras públicas. Ao contrário, pelo regime de mérito alcançaram-nas, devido ao rigoroso concurso público a que se submeteram. Sem qualquer favor, portanto. Agora vêm os governantes e alteram substancialmente as regras do jogo. Haverá nisso boa-fé? Será isto coerente? Enfim, a Constituição autorizará isto? Certamente que não. Positivamente assim não pode ser. Não importa que se trate de previdência privada, de caráter complementar, portanto, facultativo, porque a verdade é que o limite máximo estabelecido para os benefícios do Regime Geral da Previdência Social, ao qual todos os empregados estão adstritos, altera o atrativo final pelo serviço público.

9. Com efeito, inconstitucional, s.m.j., o art. 4º do PLC nº 09/99 quando deixa a aposentação, especialmente, à mercê das flutuações e oscilações das leis de mercado., absolutamente incompatíveis com aquela, em atenção à garantia da segurança.

Porto Alegre, 5 de novembro de 2000.

9. Previdência Social: a privatização do lucro e a socialização do prejuízo

GUINTHER SPODE

Desembargador, Presidente da 19ª Câm. Cível do TJRS, 1º Vice-Presidente da FLAM (Federação Latino-Americana de Magistrados), Secretário-Geral da AMB (Associação dos Magistrados Brasileiros), Diretor-Presidente da Cooperativa de Crédito dos Juízes do RS (Sicredi-AJURIS), Professor de Direito Comercial na Escola Superior da Magistratura da AJURIS.

O processo de "reforma" da previdência social, desde o seu início em 1995 (com a famigerada PEC 33) teve como pretexto a propalada inviabilidade do sistema, que, no dizer do Governo, seria resultante do constante e crescente déficit apresentado.

No âmbito federal, apesar de instado inúmeras vezes, jamais o Governo conseguiu demonstrar suas alegações. Ao contrário, não foram poucos os que afirmaram e reafirmaram com convicção até agora não respondida, que o sistema, como então vigente, não só era viável, como superavitário. Entre estes se impõe destacar um recente ex-ministro da Previdência. Seus fundamentados argumentos, devidamente acompanhados de dados, jamais foram contestados no mesmo nível.

Vista a questão sob este enfoque, duas conclusões são inevitáveis:

1. Na verdade, e o objetivo era (e continua sendo) o de passar para a iniciativa privada (privatizar) a previ-

dência social, pois se trata de um "monte" extremamente interessante, a ponto de ser visto, na época, como o maior negócio em termos de volume de capital que estava em jogo e sendo discutido no mundo econômico ocidental.

2. A previdência não precisava (e nem precisa) ser reformada, necessita é ser bem administrada.

Como dos males, o pior já aconteceu (a previdência foi "reformada"), resta entender o ocorrido e salvar o que ainda é possível.

Aqui em nosso Estado, como conclusão dos estudos realizados e dos dados estatístico-financeiros (que aqui sim foram abertos ao conhecimento público), verificou-se que o IPERGS acumula um significativo déficit que certamente inexistiria se o Governo tivesse, ao longo dos anos, repassado ao instituto todos os valores a ele devidos. Considerando que, durante um bom período a receita era maior que a despesa, ter-se-ia formado um "monte" que hoje daria sustentação aos encargos.

Do comentário acima, verifica-se que, efetivamente, a previdência necessitava e ainda necessita é ser bem administrada. Por bem administrada deve-se entender não apenas o gerenciamento competente, mas que o ente público também cumpra com o seu dever de repassar os recursos que a legislação lhe impõe, não podendo, por outra, desviá-los para fins outros que não os da própria previdência. Desvio este que, segundo insistentemente noticiado pela imprensa, sabidamente ocorreu na esfera federal em vários momentos da nossa história recente.

Qual a solução proposta para a previdência dos servidores públicos?

Diversamente do que se poderia supor, do Governo Federal nenhuma proposta partiu no sentido de bem administrar a previdência. A solução proposta foi e continua sendo a mais simplória possível. Segundo o modelo sugerido e já aprovado em seus termos genéricos através da Emenda Constitucional nº 20, os entes públicos arcarão com o passivo e, daqui para frente, submeter-se-ão todos os servidores públicos a pesadas contribuições para Fundos de Previdência ou empresas (ambos, por natureza, privados, pelo menos na intenção do Governo Federal). Como os servidores terão as contribuições descontadas em folha (como até hoje sempre ocorreu), estes fundos e empresas privadas estarão "ganhando" uma carteira com dezenas de milhões de fiéis e obrigatórios contribuintes.

Em outras palavras, a partir do momento em que o sistema, segundo a proposição do próprio Governo, passará a ser "contributivo" (como se antes em boa parte já não o fosse) e com isto terá 'equilíbrio atuarial' (o que para a iniciativa privada significa lucro), transfere-se esta estupenda carteira de receita à iniciativa privada. Mais uma vez, socializa-se o prejuízo e privatiza-se o lucro, tudo ao gosto e sob o entusiástico aplauso dos economicamente poderosos, que vêem a previdência apenas como mais um negócio, como qualquer outro e que, exatamente por isto, deve dar lucro. Piora-se o posição do Brasil que dentre as maiores economias do planeta tem a mais injusta distribuição de renda. Concentram-se ainda mais as riquezas nas mãos de poucos, diluindo-se, em contrapartida, o déficit acumulado pelo sistema até hoje entre todos os cidadãos, tudo a pretexto de terminar com os chamados privilégios do serviço público.

Aqueles que vêem o servidor como alguém que deva estar diuturnamente a seu dispor (porque o salário é pago com os impostos), paradoxalmente entendem que nenhuma obrigação têm com ele, exceto com o pagamento dos vencimentos (de regra inferiores ao que a iniciativa privada paga e, ainda, sem qualquer reajuste durante uma década, como ocorre com os federais). Nisto é que reside o grande equívoco de enfoque. O servidor público é sim empregado de todos os contribuintes, mas como estes "contribuintes" individualmente nenhuma garantia podem oferecer ao funcionário, o ente público ao qual está vinculado é que tem o dever de prover pela sua previdência que, ao contrário do trabalhador da empresa privada, é e deve continuar sendo pública.

Previdência pública, como o nome já diz é pública, deve ser sustentada e garantida pelo Poder Público, caso contrário, pode ser tudo, menos pública. Não se trata, portanto, de privilégio, mas dever do Poder Público em relação aos seus servidores. Quisessem igualar os "privilégios" do servidor público ao trabalhador privado, quem sabe se institua o Fundo de Garantia (FGTS) aos funcionários públicos, pagando-lhes também pelas horas extras trabalhadas? Isto sim significaria igualar 'privilégios'!

A Situação no Rio Grande do Sul:

A imprensa tem noticiado que, aqui no RS, a proposta que o Governo está encaminhando para a Assembléia Legislativa contempla um aumento na contribuição, além de submeter os servidores a uma contribuição de cunho provisório para cobrir o déficit financeiro do IPERGS.

Em outras palavras, apesar das origens ideológicas absolutamente antagônicas, Governo Federal e Estadual, têm propostas idênticas para a solução do "problema" da previdência pública.

A única, mas fundamental diferença, é que na proposta estadual a previdência continuaria sendo *nominalmente* pública, assegurando aos servidores de cargos efetivos do estado (incluídos os das autarquias e fundações de direito público) regime de previdência pública de caráter contributivo.

Quando destaquei que a proposta de previdência do Estado do Rio Grande do Sul seria pública, acrescentei, não por acaso, a expressão "nominalmente" (pública). Assim referi porque, de acordo com a minuta de projeto de lei em sua 10ª versão, que foi a última de que tomei conhecimento, apesar de nominado de Regime Próprio de Previdência Pública, em nenhum de seus dispositivos se impõe ao Estado do Rio Grande do Sul qualquer obrigação no sentido de garantir, mesmo que subsidiariamente, o efetivo cumprimento dos direitos dos servidores a proventos e pensões integrais e à paridade com os vencimentos da atividade, no caso do Fundo que se pretende instituir não seja suficiente.

Dentre os pontos em torno dos quais o Poder Judiciário Estadual (que esteve representado na conhecida Comissão de Alto Nível) não abria mão, estavam estes acima referidos e que, no meu modesto entender, não estão contemplados no projeto, apesar de terem transitado como consenso na Comissão.

Quais seriam estes pontos? 1. Que o regime da previdência fosse público, não se permitindo qualquer dúvida de que a responsabilidade última e subsidiária (fosse o caso) seria do Estado; 2. Que os proventos de aposentadoria fossem integrais (sem teto) e tivessem paridade com os vencimentos da atividade.

Para que não passe sem registro, anoto ainda que, pessoalmente não concordo com qualquer aumento na contribuição e muito menos com a instituição de contribuição para o tal Fundo de Transição do Regime Próprio. Discordo e justifico: desnecessário o aumento de contribuição, na medida em que a previdência se tornaria viável do ponto de vista atuarial, mediante a simples absorção dos 2%, somando-se a este percentual uma redistribuição dos atuais percentuais que são destinados em maior montante à assistência médica que, comprovadamente é superavitária. Acrescente-se a isto o necessário aporte do vultoso montante devido pelo Estado do IPERGS. Uma das hipóteses do Estado pagar o que deve seria a "federalização" da dívida, solução esta adotada pelo Estado de Santa Catarina. Com o aporte deste montante se formaria o "fundo" que deveria existir, não houvesse ocorrido o já mencionado calote. Os rendimentos deste "bolo" mesmo que de início insuficientes, dentro de poucos anos já o seriam, pois a "curva" do incremento das aposentadorias e pensões já está em franco declínio (segundo dados concretos coletados e/ou conhecidos e divulgados pelo próprio IPERGS). Aliás, o incremento de aposentadorias prematuras somente ocorreu pelo pânico causado pela chamada "reforma" da previdência. Quem podia sair, já saiu, e quem não saiu, ainda contribuirá durante um largo tempo até adquirir o direito de se aposentar. O efeito, em termos de gastos públicos, por ora foi perverso. O Governo Federal, ao anunciar que dificultaria as futuras aposentadorias, "gritou" anunciando que o prédio estava pegando fogo. Não foi necessário dizer que o mais prudente seria sair o quanto antes, pois todos que puderam saíram o mais rápido possível.

Voltando ao projeto estadual, impõe-se registrar que o mesmo tem o mérito de, *nominalmente*, prever um regime próprio público de previdência, mas, de fato, no texto nenhuma garantia a respeito é oferecida. A maior crítica, contudo, que faço é ao fato de nada constar a respeito dos direitos dos servidores à integralidade e paridade dos proventos com os vencimentos da atividade.

A crítica é e deve ser dura, pois assim como está, a única diferença que nos separa de outros regimes de previdência reside no fato de nossa previdência ser administrada por uma autarquia do Estado, enquanto os outros serão administrados por uma entidade privada. Nestas condições, quem sabe melhor seria criarmos nosso próprio Fundo de Aposentadoria e Pensão, em que teríamos menos custos (porque de menor dimensão) e estaria sob nossa administração.

Quando ao início mencionei que o pior dos males já estava feito, pensava eu nos terríveis efeitos que a famigerada Emenda nº 20 já causou e ainda poderá causar.

Por exemplo, tomada a medonha emenda como diretriz, fora da qual nada seria lícito ou possível, tenho sérias dúvidas se qualquer um dos estados da federação pode criar regime próprio efetivamente público de previdência. Esta é uma questão que lanço para debate.

Evidente que a intenção do Governo Federal era "jogar" todos os trabalhadores, especialmente os servidores públicos, nos braços das empresas de previdência privada. A Emenda, contudo, não foi aprovada exatamente nos termos em que o Governo queria, mas nos termos em que foi possível. Talvez o que salve os servidores públicos sejam exatamente estas alterações, dependendo ainda da interpretação que o Supremo Tribunal Federal der, quando provocado.

Afora o fato de estarmos subjugados pela Emenda 20, nossa situação pode ainda ser piorada pelos projetos que tramitam no Congresso Nacional e que pretendem estabelecer normas gerais para a instituição de regime de previdência complementar pela União, Estados, Distrito Federal e Municípios. Estes projetos, de iniciativa do Governo Federal, prevêem normas que, obrigatoriamente, deverão ser cumpridas no âmbito dos entes públicos a que se referem.

Deste modo, vale ressaltar que a lei federal que vier a ser editada poderá prejudicar ou exigir modificação, por exemplo, na legislação estadual cujo projeto estaria sendo encaminhado em agosto para a Assembléia Legislativa. Esta uma das razões pelas quais entendo prematuro o envio, a estas alturas, de projeto de lei tratando da previdência estadual como um todo.

Por outro lado, verifica-se agora com maior certeza que a crítica e a reação quase isolada da AJURIS, quando se esboçou o primeiro projeto de reforma da previdência, assume foro ainda de maior importância.

Afirmávamos que o modelo proposto para "reformar" a previdência estaria a afrontar cláusula pétrea, pois tendente a abolir a Federação. Pois é exatamente isto que está ficando cada vez mais evidente, pois, apesar de mantido o dispositivo constitucional que estabelece a competência concorrente para legislar sobre previdência social (art. 24, XII), tanto a Emenda 20, quanto os projetos sobre previdência complementar embretam de tal forma os estados que o princípio federativo *já foi para o espaço*, e o Governo Central *não está nem aí*.

Mais ainda, conforme concluem em seu parecer Luiz Gonzaga de Mello Belluzzo e Bernard Appy (divulgado pela AMB), "a transição do sistema será prejudicial para as contas públicas", isto pela simples razão de que "sem arrecadar as contribuições dos que aderirem ao novo sistema, arcando com o gasto adicional decorrente da parcela de contribuição obrigatória ao regime complementar e mantendo os benefícios dos já aposentados, esse impacto negativo será tanto pior quanto maior for a adesão ao novo regime" (observação anotada por Jorge Mattoso e Magda Barros Biavaschi, no artigo "A privatização da Previdência: quem ganha com isso ?").

Quanto mais tempo passa, mais me convenço de que interesses muito suspeitos, senão escusos, estavam e por detrás da fúria reformista que assolou a nação brasileira desde 1995.

As verdades não envelhecem nem perdem substância com o passar do tempo. Ao contrário, ficam cada vez mais claras, porém terrivelmente verdadeiras.

Todo o esforço no sentido de privatizar a previdência só pode ser explicada pela clara intenção de privilegiar o capital financeiro, nem que para isto se desmantelem os serviços públicos e se fulminem direitos sociais conquistados depois de séculos de luta.

Não devemos perder nossa capacidade de irresignação. O trabalho de esclarecimento, uma verdadeira pregação, deve prosseguir, pois apesar de alguma coisa se ter conseguido evitar, as forças dominantes, para lamento nosso, afrontam cláusula pétrea da Constituição (art. 60, § 4º) e estão conseguindo levar a cabo sua sórdida missão no sentido de continuar socializando o prejuízo e privatizando o lucro.

10. A privatização da Previdência: quem ganha com isso?

JORGE EDUARDO LEVI MATTOSO
Professor do Instituto de Economia da UNICAMP (Universidade Estadual de Campinas/SP), Secretário de Relações Internacionais da Prefeitura de São Paulo.

MAGDA BARROS BIAVASCHI
Juíza aposentada do Tribunal Regional do Trabalho da 4ª Região. Mestre em Direito pela Universidade Federal de Santa Catarina. Doutoranda em Economia Social do Trabalho pela UNICAMP. Professora convidada da FEMARGS.

Um dos efeitos da busca sem fim do Estado Mínimo – empreendida pelos governos que aceitaram passivamente os ditames do Consenso de Washington – tem sido a profunda mercantilização da esfera pública. Como num retorno ao século XIX, busca-se reduzir o poder da comunidade e de suas regulações e assegurar que os indivíduos, despojados da proteção das instituições, voltem a sucumbir à força bruta da tirania dos mercados.

Em um país como o Brasil, com notórias desigualdades de acesso à renda, à riqueza e à cidadania, a deterioração das políticas públicas universais e a crescente mercantilização da esfera pública aprofundam as desigualdade. O mercado, invadindo a esfera pública e rompendo com a solidariedade entre diferentes níveis de renda, torna o atendimento à educação, à saúde e à segurança privilégio dos que podem pagar, oferecendo aos mais ricos a possibilidade de obterem serviços privados cujos preços excluem os que mais necessitam.

Apesar da ampliação das críticas ao Consenso de Washington, feitas até mesmo pelos organismos econômicos e financeiros internacionais, a Argentina e o Brasil – mais realistas do que o próprio rei – parecem desejar levar às últimas conseqüências esse processo, independente de seus efeitos deletérios sobre a sociedade.

A Argentina, submetida a uma política cambial que a mergulhou em profunda crise econômica, social e política, cede cada vez mais à pressão dos mercados. Seu presidente, apesar de reconhecer que o desemprego, a fragmentação social e a pobreza podem levar a economia a uma catástrofe, anuncia *novas* medidas que seguem a mesma e agonizante lógica privatista de tantos anos. Dentre elas, a privatização do sistema geral da Previdência, a desregulamentação do setor de saúde e, até mesmo, a terceirização/privatização da arrecadação de impostos.

No Brasil, ainda que em ritmo distinto, algo de parecido acontece. Neste momento, a atenção dos patrocinadores do Estado mínimo parece voltar-se ao regime de previdência dos servidores públicos, através de projetos de lei complementar que tramitam no Congresso Nacional. Estes, no entanto, balizam uma futura privatização do sistema geral da previdência. Entre eles, o PLP 09/99, em regime de urgência na Câmara.

A lógica privatista, presente no substitutivo do Relator, Deputado Robson Tuma, do PFL, de São Paulo, aprovado na comissão especial, aprofunda-se no substitutivo do Deputado José Aleluia, do PFL, da Bahia. Neste, os atuais planos de benefícios mantidos por órgãos públicos passam à administração da previdência privada. Aos já aposentados, não há qualquer garantia de preservação dos direitos adquiridos no regime próprio, criando-se quadros em extinção e planos de benefícios diferenciados. Os fundos de pensão serão meros arrecadadores e administradores das contribuições. Para os que ingressarem no sistema, quando atingidas as condições para a aposentadoria, o benefício será adquirido no mercado, de uma empresa seguradora, tendo como base os valores acumulados no fundo. Não está definida qualquer responsabilidade do ente público patrocinador. Se o fundo sofrer prejuízos, paciência. É só trabalhar mais, até morrer. Mas, obviamente, a seguradora sempre se beneficia.

Para além do desrespeito a direitos e das inconstitucionalidades assinaladas por Celso Antônio Bandeira de Mello e Dalmo Dallari em seus pareceres jurídicos, os impactos econômicos serão negativos, ao contrário do que apregoam seus defensores. Nesse sentido, o parecer econômico de Luiz Gonzaga Belluzzo e Bernard Appy é incisivo.[16] No curto prazo, a alteração provocará sérios danos às contas públicas. Sem arrecadar as contribuições dos que aderirem ao novo sistema, arcando com o gasto adicional decorrente da parcela de contribuição obrigatória ao regime complementar e mantendo os benefícios dos já aposentados, esse impacto negativo será tanto pior quanto maior for a adesão ao novo regime. *Prefeituras, por exemplo, terão sérias dificuldades de caixa.* No longo prazo, o impacto ficará na dependência do custo real da dívida pública nos próximos anos e, também, de outros fatores, como: alíquota de contribuição para o regime próprio; ritmo de crescimento do salário real dos servidores; e, idade de aposentadoria e tempo de contribuição. Ademais, o custo administrativo do sistema aumentará. De um lado, pela necessidade de manter duas estruturas gerenciais paralelas; de outro, como a aquisição das coberturas das entidades privadas será feita individualmente, serão gerados enormes custos de *marketing* e vendas decorrentes da disputa por clientela pelas entidades privadas, como se deu no Chile. Mas o

---

[16] Pareceres esses feitos para a AMB – Associação dos Magistrados Brasileiros.

que o parecer enfatiza é o baixo grau de maturação dos projetos, com imprecisões que podem afetar *as próprias contas públicas em nome das quais essa reforma nos está sendo imposta.*

Com a pressa e a ausência de diálogo, beneficiam-se unicamente as empresas privadas, os fundos de pensão e as seguradoras. Aos destinatários do novo sistema não se lhes permite esclarecer sobre as reais conseqüências dessa reforma. Ao conjunto da sociedade se oculta o que efetivamente está em jogo: a mercantilização da esfera pública e as exclusivas formas de seleção com base no mercado e no dinheiro. E acaso aprovados, os trabalhadores e suas famílias que puderem se integrar ao novo sistema passarão, quem sabe, a rezar pela eficiência e sucesso das bolsas, temerosos de que, com suas oscilações e/ou o fim de sua *exuberância irracional* esvaiam-se suas próprias condições de vidas.

Afinal, *para onde vamos* e *quem ganha com isso?*

11. O valor dos benefícios frente à conformação atuarial do sistema geral da previdência social

RENATO VON MÜHLEN
Mestre em Direito, professor das disciplinas de Direito Previdenciário e Direito do Trabalho da UNISINOS. Advogado Previdenciarista.

A aposentadoria como sinônimo de inatividade, em seu sentido teleológico, deveria, em última análise, significar a verdadeira expressão de seguro social. Diante desta finalidade, muitas foram as preocupações manifestadas quando do projeto da reforma constitucional que culminou na elaboração da Carta cidadã – CF/88 –, donde junto com muitas conquistas de natureza social, tratou o legislador constituinte de reparar um mal que há muito assombrava os aposentados ou os que a inatividade almejassem.

Portanto, nesta busca da dignidade do valor dos benefícios previdenciários e em especial do valor de suas rendas iniciais, restou aprovado um novo critério de apuração do salário-de-benefício, determinando que todos os 36 (trinta e seis) meses que compunham o período básico de cálculo fossem contemplados com correção mês a mês. Com esta alteração finalmente aprovada, introduzia-se importante modificação no critério para o cálculo do salário de benefício, que antes era apurado através, também, de 36 (trinta e seis) meses, porém destes, somente os 24 (vinte e quatro) primeiros é que recebiam correção, enquanto os últimos 12 (doze) eram utilizados em seus valores históricos sem qualquer corretivo.

Solução imediata havia sido dada, vendo-se afastado critério por demais danoso, especialmente em época que grande era a inflação que assolava o país.

Aparentemente estava resolvida essa comum preocupação dos segurados da previdência social. Mas se de um lado a preocupação deixava de ser do segurado, começava a da previdência social, pois ela é quem iria pagar a conta por essa real garantia social do benefício. Daí, em meio à promulgação da Constituição Federal e da Lei que viria regular os benefícios (Lei 8.213, de 24 de julho de 1991), se de um lado havia a expectativa de aumento de despesas, de outro, dia a dia vinham sendo criadas novas fontes de custeio, como por exemplo, a elevação da alíquota do FINSOCIAL, a contribuição sobre a remuneração dos empregadores e autônomos, a incidência da contribuição não mais sobre um valor teto, mas sim sobre o total das remunerações pagas aos empregados... .

Supostamente, haveria de se pensar que se suporte financeiro não havia, suporte havia se criado a justificar o binômio "custeio e benefício", no entanto, paralelamente a tudo isto, o Governo Federal obteve perante o Poder Legislativo a aprovação da Lei nº 7.789/90, que por sua vez tratava de reduzir o teto de contribuição dos segurados relativos à sua parte individual de 20 (vinte) para 10 (dez) salários-de-contribuição, que por conseguinte seria utilizado como teto ou limite do salário-de-benefício e renda mensal inicial dos benefícios concedidos pela previdência social. Fazia-se assim, à primeira vista, justiça social e espécie de distribuição de riqueza, donde aqueles que por melhor fosse sua remuneração tinham o limite contributivo, relativo à parte individual, reduzido. Assim, diante desse novo limite imposto àquele que pelo teto recolhesse, pouca diferença teria daqueles que em valores intermediários o fizessem.

Diante dessas mirabolantes facetas, as contas da previdência estariam pagas. No entanto, os reclamos diuturnamente lançados na mídia eram de que a previdência estava quebrada, e que estaria ela à beira da falência.

A propósito, nunca demais, reproduzir-se sobre o tema as doutas palavras proferidas pelo Ministro Antônio de Pádua Ribeiro, em artigo publicado no jornal Correio Braziliense de 04 de dezembro de 1995, p. 4:

> "Fala-se que a previdência social está quebrada, que não há dinheiro para a saúde e para a assistência social. Afirma-se, ainda, que o constituinte, no setor, preocupou-se somente em criar benefícios sem prever as fontes para o seu custeio. Contudo, tais críticas são improcedentes. Discorrendo sobre a matéria do último congresso, organizado pela Associação dos Magistrados Brasileiros e realizado em Fortaleza, o dr. Hugo de Brito Machado, conhecido especialista, teve ocasião de demonstrar, com apoio em dados extraídos do Balanço Geral da União, dos anos de 1989 a 1994, que, no período, as contribuições previdenciárias evoluíram de 34% da receita tributária da União para 110/120%. É um crescimento espantoso. Onde encontram as fabulosas quantias arrecadadas: perdidas no orçamento da União! Cumpre explicar como tudo isso aconteceu. À vista dos textos constitucionais em vigor, a relação entre o número de trabalhadores em atividade e o daqueles que percebem benefícios previdenciários não é tão significativo para o equilíbrio financeiro da previdência social, ao contrário do que tem sido constantemente divulgado pela empresa. Hoje, além das contribuições dos trabalhadores e dos empregados sobre a folha de salários, receitas tradicionais da previdência social, a seguridade social conta com contribuições das empresas

sobre o faturamento e sobre os lucros, bem mais substanciais, segundo se depreende do art. 195 da Constituição, *in verbis*:

'A seguridade social será financiada por toda a sociedade, de forma direta e indireta, nos termos da lei, mediante recursos provenientes dos orçamentos da União, dos Estados, do Distrito Federal e dos Municípios, e das seguintes contribuições sociais:

I – dos empregadores, incidente sobre a folha de salários, o faturamento e o lucro;

II – dos trabalhadores;

III – sobre a receita de excessos de prognósticos.'

Diante do texto transcrito, a Lei nº 7.689, de 15/12/88, criou uma contribuição sobre os lucros, cuja alíquota em vigor é de 10% e a Lei Complementar nº 70, de 30/12/91, institui a 'contribuição para financiamento da seguridade social', denominada CONFINS, com a alíquota de 2% sobre o faturamento bruto das empresas, contribuição esta com incidências cumulativas, ensejadoras, por isso, de receitas consideráveis.

É bem verdade que referidas contribuições não são arrecadadas pelo INSS. Dispositivo legal nesse sentido foi vetado pelo presidente Fernando Collor, ao fundamento de que seria melhor atribuir ao Ministério da Fazenda o encargo de cobrar essas contribuições, porquanto o INSS não dispunha de condições para bem fiscalizar as empresas e cobrá-las. De outra parte, o Supremo Tribunal Federal afastou a argüição de inconstitucionalidade da cobrança da CONFINS e do FINSOCIAL, deduzida ao argumento de ser o INSS o sujeito ativo das aludidas contribuições. A conseqüência disso tudo foi consolidar-se a prática da arrecadação das mencionadas exações pelo Tesouro Nacional, transformando-as em imposto, motivo por que se perderam no orçamento da União."

No mesmo sentido escreveu Hugo de Brito Machado, na obra *Curso de Direito Tributário*, da Editora Malheiros, 14ª edição, à página 322:

> "O exame dos balanços gerias da União revela que as contribuições da previdência, cujo total representava, em 1989, apenas 34% da receita tributária passou a oscilar entre 110% e 121% nos anos de 1990 até 1994. Em 1995 a arrecadação dessas contribuições correspondeu a mais 148% da receita tributária. Em outras palavras as contribuições de previdência corresponderam, em 1995, a quase vez e meia de tudo quanto a União arrecadou com todos os seus tributos. Como se pode acreditar que a Seguridade Social esteja falida?".

Ora, apesar de inimaginável a quebra de tão robusto e bem servido sistema, começava a luta para mudar a previdência, com justificativas tais como: que muitas eram as aposentadorias tidas como precoces; que os novos critérios de cálculo fariam ruir o sistema, etc.

Daí, contando o Governo Federal com maioria na composição das casas legislativas, são aprovadas as novas regras da Previdência Social, através da Emenda Constitucional de nº 20, de 15 de dezembro de 1998, que substancialmente altera todo o sistema previdenciário brasileiro, que dentre suas disposições impõe, entre outras, o limite de idade seja para a aposentadoria no sistema Geral de Previdência Social quanto no público. Além disto, modifica a previdência "social", dando-lhe contornos nitidamente atuariais, conforme possível depreender da redação ao artigo 201 da Constituição Federal de 1988, que assim passou a dispor:

> "Artigo 201. A previdência social será organizada sob a forma de regime geral, de caráter contributivo e de filiação obrigatória, observados critérios que preservem o equilíbrio financeiro e atuarial, e atenderá, nos termos da lei, a:
> (...)."

Com esta nova redação alcançada ao artigo 201 da CF/88 pela EC/20, em regulamentação sobreveio a Lei 9.876, de 29 de novembro de 1999, conformando o cálculo dos benefícios previdenciários a um objetivo nitidamente atuarial, donde não mais seria utilizada a média dos últimos 36 salários-de-contribuição, mas sim os salários-de-contribuição do segurado a contar de julho de 1994, das quais extrair-se-iam os 80% maiores.

Estava o legislador oportunizando ao segurado o descarte daquelas 20% piores contribuições, que com isto, a grosso modo, saneariam eventuais problemas ou prejuízos, não fosse a criação de maravilhosa fórmula para o cálculo da renda mensal inicial, assim demonstrada em "anexo" à lei:

$$F = \frac{Tc \times a}{Es} \times 1 + \frac{(Id + Tc \times a)}{100}$$

Donde, a seguir a lei, a média dos salários-de-contribuição, apurados pelos critérios antes referidos, será após multiplicado pelo *Fator previdenciário* (F), obtido a partir da aplicação da fórmula acima, cujos elementos, onde (Es) corresponde à *Expectativa de sobrevida*, verificada através de tabela construída pelo IBGE, designada em regulamento como "tábua completa de mortalidade". Assim resultando, como expectativa de vida, o tempo médio que o cidadão brasileiro poderá ainda viver a partir da aposentadoria.

Na fórmula para a apuração do Fator Previdenciário, há previsão de em considerando também a *Idade (Id)* do Segurado no momento da aposentadoria e o *Tempo de contribuição (Tc)*, importantes elementos, pois para um melhor rendimento indispensável que mais avançada seja a idade e maior o tempo de contribuição. Desta forma, evidenciado, o objetivo da lei, pois o segurado na expectativa de um melhor rendimento na inativação, por mais tempo permaneceria no sistema e, por menor tempo teria a fruição do benefício. Na fórmula antes demonstrada, *"a"* corresponde à alíquota de contribuição de 31 % (trinta e um por cento) – elemento fixo, adotado em co-relação à soma dos percentuais de contribuição pagos pela empresa por empregado em quota patronal de 20% e os 11% descontados do empregado. Já a soma de *"1"* e divisor *"100"* objetivam conceder espécie de bônus de permanência na atividade, ou seja, quanto mais trabalha e, conseqüentemente, contribui, mais receberá da Previdência. Esse bônus é como se fosse uma remuneração parecida a uma taxa de juro real, que será tanto maior quanto mais tempo for a permanência no sistema. "Por isso é que na fórmula adiciona-se um e divide-se por 100. A adição da unidade garante que a taxa de remuneração seja sempre positiva e a divisão por 100 transforma idade e tempo de contribuição em percentual".[17]

Mas ao tempo que a Lei nº 9.876/99, que estabelecia o mecanismo para a apuração do "fator previdenciário", em seu artigo 5º também determinava que o fator previdenciário fosse aplicado de forma progressiva, incidindo sobre um sessenta avos da média dos salários-de-contribuição do segurado, por mês que se seguir da publicação da lei (11/99), cumulativa e sucessivamente até completar sessenta avos da referida média, ou seja, critério este, que será adotado até 10/2004 como redutor, que progressivamente irá diminuindo os valores dos benefícios. A partir dessa previsão legal, foi criada nova fórmula a ser aplicada nesse critério de transição, assim representada:

$$\text{Salário-de-benefício} = \frac{(60-y) \times \text{média}}{60} + \frac{y \times \text{média} \times \text{fator previdenciário}}{60}$$

Onde, *"y"* corresponde ao número de meses após a publicação da Lei 9876/99, pelo que há de se concluir que quanto mais nos afastarmos do mês de publicação

---

[17] Parecer nº 1.979, 13/12/99, DOU 26.01.2000 – Fator Previdenciário. Constitucionalidade da Lei 9.876/99.

da Lei, menores serão os benefícios, cujo limite redutor se dará em 10/2004. Significando dizer que o limite/redutor atingirá seu apogeu em novembro de 2004.

Conclusão:

As mudanças introduzidas pela Emenda Constitucional nº 20, em 15 de dezembro de 1998, deram início a uma verdadeira revolução nos benefícios da Previdência Social, em especial pela conformação atuarial alcançada ao sistema, onde tudo passa a importar, a idade, o tempo de contribuição e também o valor da contribuição e a expectativa de sobrevida lançada uniformemente para todo o território nacional.

Com a incidência desses elementos, evidente que, o segurado que tiver pouca idade, não obstante ter contribuído por muito tempo, terá uma maior expectativa de sobrevida, o que fará com que menor seja o valor do benefício. Porém, em contrapartida, ao passo que o segurado aguarda estes requisitos que teoricamente avolumariam os seus ganhos mensais, o fator "de transição" referido no § 5º da Lei 9.876/99, trata de reduzir gradativamente o valor do benefício. O que vale dizer, quanto mais aguardar para pleitear seu benefício, menor será o valor da sua renda mensal. A não ser que a conjugação de fatores, mais idade e mais tempo de serviço, possam compensar, senão integralmente, mas parcialmente a redução almejada nas novas disposições sobre os benefícios previdenciários.

Indispensável a referência ao texto publicado na Revista de Previdência Social, sob o título "A influência do fator previdenciário no cálculo do valor da aposentadoria do INSS",[18] de autoria do advogado Jelson Carlos Accadrolli, que com maestria assim coloca a situação sob comento, retratando com impar inteligência a real situação dos beneficiários:

---

[18] ACCADROLLI, Jelson Carlos. A influência do fator previdenciário no cálculo do valor da aposentadoria do INSS. *Revista de Previdência Social*. São Paulo: LTr, nº 249, 08.2001, p. 581 a 583.

"No caso do homem que estiver se aposentando com 50 anos de idade e 35 anos de tempo de contribuição ele terá um fator previdenciário aplicado sobre a média de 80% dos maiores salários-de-contribuição a partir do mês de julho de 1994 o que resultará no fator de 0,6925, que significa uma redução no valor da aposentadoria de 30,75%, se compararmos com o sistema anterior ao da implantação do fator previdenciário. Porém, se o mesmo segurado aposentar-se no mês de Junho/2001 esse redutor será aplicado proporcionalmente a 19/60 (dezenove sessenta avos) equivalente a uma redução de 9,73% e a cada mês que passa perde um pouco mais, até que no mês de Novembro/2004 perderá os 30,75%.

No caso de uma mulher que tenha iniciado a contribuir aos 15 anos de idade, ao completar 30 anos de tempo de contribuição estará com 45 anos de idade e terá um Fator Previdenciário de 0,5771, isso significa uma redução na aposentadoria de 42,29%, porém, se esta segurada estiver se aposentando no mês de junho/2001 este fator será aplicado proporcionalmente a 19/60 (dezenove sessenta avos) o que equivale dizer que terá uma redução de 13,39%, no entanto, cada mês que passa perderá um pouco mais, até que em Novembro/2004, com a implantação total do referido fator, perderá então, 42,29% sobre o valor que resultar da média de 80% dos maiores salários a partir do mês de Julho/94."

A citação acima confirma que efetivamente, quanto maior for o tempo de contribuição e a idade, maior será o valor do benefício, que à primeira vista, solução seria a espera pela melhor condição.

Portanto, torna-se imprescindível ao segurado que já tinha direito ao benefício na data da publicação da Lei instituidora das novas normas, fazer diversos cálculos, como forma a concluir pela mais vantajosa, já que no cálculo antigo integravam os salários-de-contribuição dos 36 meses anteriores ao pedido e, no novo, desde julho de 1994; no primeiro, para cada ano além do tempo mínimo para o benefício, havia acréscimo de 6%, ao passo que, no segundo, o aumento é de 5% para cada ano excedente ao tempo mínimo para a aposentação.

Entretanto, aos segurados que não possuíam os requisitos necessários quando da mudança da norma, não é facultada a escolha pelo cálculo, mas tão-somente, pela melhor data em que buscará a sua aposentadoria.

O fator previdenciário, na realidade, pode constituir-se num impedimento natural para a busca de benefícios junto à Previdência Social, especialmente, quando se tratar de segurado com pouca idade, mesmo que possua o tempo necessário à aposentação. Na nova regra de cálculo, passaram a interessar a idade, o tempo de contribuição e a expectativa de sobrevida, os quais, em conjunto contribuem para a fixação da renda Mensal Inicial dos Benefícios de espécie eletiva, exceto, se em razão de direito adquirido, puder optar pelo sistema existente antes das mudanças introduzidas pela Emenda Constitucional nº 20, de 15/12/98. Além dos fatores antes mencionados, atenção especial deverá merecer o designado fator de transição, cujo limite expira em 11/2004, adotado como redutor gradativo dos proventos da inativação.

Como cautela importante que o segurado antes de enviar seus documentos ao INSS, busque certificar-se sobre qual será o melhor momento para o início do benefício, promovendo, previamente, simulação de cálculo do valor inicial de sua aposentadoria.

12. Quadro comparativo dos valores de aposentadoria simulados no regime geral de previdência social[19]

MARION CECÍLIA MARTINS BLOS

Advogada Previdenciarista, funcionária pública federal aposentada, como servidora pública no Instituto Nacional do Seguro Social - INSS, tendo exercido o cargo de supervisora de concessão de benefícios.

Demonstrativo do resultado da simulação do cálculo da renda mensal

Com base na aplicação da forma de cálculo aplicáveis nas aposentadorias do Regime Geral de Previdência Social, procuraremos, através de cálculos em duas faixas de renda (5 e 10 salários mínimo), masculino e feminino, comprovar as variações das rendas iniciais nos cálculos das aposentadorias vigentes, no sistema de cálculo anterior à Emenda Constitucional nº 20/98, e no sistema de cálculo atual.

---

[19] Observações sobre os projetos de lei que instituem o regime de previdência complementar para os servidores públicos. p. 8. Artigo colocado a disposição da AJURIS.

QUADRO COMPARATIVO DOS VALORES DE APOSENTADORIA SIMULADOS NO REGIME GERAL DE PREVIDÊNCIA SOCIAL

	Sistema Anterior			
	Para 10 Salários		Para 5 Salários	
	Homem	Mulher	Homem	Mulher
Aposentadoria Integral	35 anos 1.328,25*	30 anos 1.328,25*	35 anos 702,28	30 anos 702,28
Aposentadoria Proporcional (70%)	30 anos 929,77	25 anos 929,77	30 anos 491,59	25 anos 491,59

* é utilizado o Teto, mas a média de contribuição é R$ 1.404,57

	Sistema Atual			
	Para 10 Salários		Para 5 Salários	
	Homem	Mulher	Homem	Mulher
Aposentadoria Integral	35 anos 936,44 (-29,5%)	30 anos 781,04 (-41,2%)	35 anos 468,22 (-33,3%)	30 anos 390,51 (-44,4%)
Aposentadoria Proporcional (70%)	30 anos 650,51 (-30%)	25 anos 536,37 (-42,3%)	30 anos 325,25 (-33,8%)	25 anos 268,18 (-45,4%)

No sistema atual, na aposentadoria proporcional, há a exigência de idade mínima (53 anos para homem, 48 anos para a mulher). Confrontado com o sistema anterior, onde havia a possibilidade de aposentadoria aos 44 anos para o homem e 39 anos para a mulher, deve-se trabalhar até 9 anos mais para aposentadoria proporcional.

OBS.: Verifica-se no sistema atual discriminação contra a mulher (no cálculo a idade também deveria receber bônus de 5 anos), porque para a obtenção do fator previdenciário aplica-se a idade real da segurada sem o bônus de 5 anos, sendo maior então a expectativa de vida da mesma.

A sociedade como um todo se viu lesada, pois não há mais segurança no cumprimento das obrigações do Estado, pois assim como esta Emenda, se não atingir o objetivo proposto, sendo o Estado que legisla, poderá alterar novamente as regras de aposentadoria através de uma nova Emenda Constitucional, deixando os segurados sem as garantias de atingirem a jubilação da aposentadoria, segundo as normas pelas quais ingressaram na previdência.

Verificou-se que as exigências aumentaram o tempo de permanência no trabalho, o tempo de contribuição através de pedágios instituídos e ainda a introdução do fator previdenciário, que agora decorre da expectativa de vida do segurado, gerando então uma lesão sobre aquele que iniciou a trabalhar e a contribuir para a previdência social mais cedo.

A introdução de um sistema com profundas inovações como estas, e que passa a ser aplicável àqueles já filiados ao Regime Geral no momento da edição das normas, mesmo introduzindo-se normas de transição, *é evidentemente uma quebra de compromisso moral, e lesão a expectativas de direito. Na verdade, é mais um compromisso rompido que a sociedade brasileira aceita passivamente e com os quais tem que se habituar.*

Se desrespeitado o art. 40, § 3º, da Constituição Federal, relativamente às aposentadorias dos funcionários públicos, com a introdução do Regime de Previdência Privada de caráter Complementar, e aplicado o art. 40, § 14, com limite máximo estabelecido para os benefícios do Regime Geral de Previdência Social, poderá ocasionar prejuízos aos funcionários públicos, conforme demonstrativo de cálculo simulado do Regime Geral de Previdência Social.

Campo Bom, 10 de agosto de 2001.

Conclusão

MARIA ISABEL PEREIRA DA COSTA
Assessora Especial da Presidência da AJURIS

Ao estudarmos os diversos artigos que compõem esta obra, podemos concluir que a previdência social, na forma que a concebíamos e a conhecíamos, está passando a ser coisa histórica. Está sendo desmantelada, como uma etapa de desmonte do Estado de Direito Brasileiro.

Os articulistas demonstraram que as alterações propostas pelo novo sistema não corrigem os erros do sistema atual, agravam-nos, e perpetuam erros que inviabilizarão o novo sistema, não só pela evasão dos recursos públicos, mas também pela completa insegurança do cidadão e contribuinte que não terá qualquer garantia da concretização do seu direito fundamental à aposentadoria e pensão.

O que está sendo redefinido para o nosso futuro e o de nossos filhos nada tem em comum com a idéia de prevenir esse futuro. Pelo contrário, prevenção para o contribuinte não haverá. O enfoque mudou para seguir as determinações do Fundo Monetário Internacional - FMI. Haverá um futuro de abundante lucro para as empresas autorizadas a recolher a contribuição do servidor público e do trabalhador da iniciativa privada. Empresas estas que, nem sequer, correrão riscos econômicos. O saneamento dos problemas de máadministração, de desvio de patrimônio, de cálculo atuarial, etc., será da responsabilidade do próprio contribuinte, veja-se o que dispõe o art. 21 e seus parágrafos da Lei Complementar 109 de 29 de maio de 2001.

Assim, não importa que o cidadão tenha contribuído com correção e regularidade, se alguém errar, ou fraudar, a sua revelia, quem responderá por isto é ele. Se não responder, o que significa pagar novamente, não terá benefício algum. E, se assegurar o benefício pagando tantas vezes quantas lhes forem solicitadas para o saneamento disto ou daquilo, poderá também não receber qualquer benefício. Basta não haver liquidez por parte da empresa privada encarregada de lhe pagar o benefício. E o governo não se envolverá, lavará as mãos, pois não haverá qualquer garantia por parte do poder público da efetivação do direito fundamental do cidadão à aposentadoria, vejam-se os artigos 5º, 6º, §§ 1º, 2º e 3º, da Lei 108, de 29 de maio de 2001. Porém o fato de não garantir o direito do cidadão, não lhe proporcionará qualquer vantagem, pelo contrário, haverá evasão de dinheiro público.

Nós cidadãos, nós juristas, nós economistas, nós juízes, nós políticos de todas as esferas estamos assistindo e, se nos omitirmos, consentindo. Mas sentiremos nas nossas instituições e nas nossas vidas os efeitos trágicos desse deslocamento injusto e injustificável do sistema previdenciário e de nosso "Estado Democrático de Direito".

Das alterações já impostas pelas reformas e das que estão sendo implementadas destacam-se alguns tópicos:
- A reforma da previdência teve início em 1995 pela PEC 33, desde então a AJURIS criticou e reagiu contra o novo sistema, demonstrando a sua inconveniência diante da violação dos direitos fundamentais do cidadão e do desrespeito aos princípios fundadores do Estado Democrático de Direito, notadamente o Princípio Federativo e o do respeito à dignidade da pessoa humana;

- O Projeto de Emenda Constitucional nº 33/95 deu origem a Emenda 20 e esta, por sua vez, está sendo regulamentada pelas Leis Complementares nº 108 e 109, ambas de 29 de maio de 2001, e o PL 09/99, que se encontra tramitando na Câmara dos Deputados aguardando a votação de alguns destaques;
- Conforme foi ressaltado pelos articulistas, as leis acima referidas, originadas pelos PLs 08/99 e 10/00, violam os princípios constitucionais. Notadamente o princípio do respeito à dignidade da pessoa humana, ao não garantir a efetivação do direito à aposentadoria, e o princípio federativo, e ao impor aos Estados, aos Municípios e ao Distrito Federal, o sistema adotado pela União;
- Como a Emenda Constitucional nº 20 não foi aprovada nos termos pretendidos pelo o governo federal, as referidas leis vieram com alterações desautorizadas pela Emenda, com a visível intenção de impor ao cidadão um sistema que não lhe garante a contraprestação pela contribuição despendida durante muitos anos de trabalho;
- A exemplo disto citamos o art. 3º, parágrafo único, da Lei 108/01 em que, contrariando o disposto no art. 40, § 3º, da Constituição (redação Emenda 20), é desfeita a equiparação dos inativos aos ativos proibindo, a qualquer título, a incorporação dos benefícios de repasse de ganho de produtividade, abono e vantagens de qualquer natureza.

Cabe ainda observar que a interpretação que for dada pelo Poder Judiciário poderá ser a única salvação para a correção das violações perpetradas pelas leis complementares já em vigor e, ainda, as que poderão vir, com a aprovação do PL 09/99, nos termos em que está proposto.

Daí a necessidade de conscientização dos cidadãos e políticos para a gravidade do caos em que os trabalhadores públicos e privados deste país estão para serem lançados.

E isso é a previdência! Convenhamos, para quem contribui, nestas condições, é uma imprevidência e, pior, é uma imprevidência obrigatória. O despertar tardio fará com que todos paguem um doloroso preço pela IMPREVIDÊNCIA.

Porto Alegre, abril de 2003.

Anexo I

Nota Oficial contra a privatização da Previdência Pública brasileira

A AJURIS - Associação dos Juízes do Rio Grande do Sul, diante da iminente votação dos projetos de Lei Complementar nº 9/99 na Câmara dos Deputados e nº 1/2000 no Senado Federal, ambos de autoria do Governo Federal, vem a público DENUNCIAR mais um capítulo do desmonte do Estado Brasileiro e a sua alienação aos interesses de lucro do capital financeiro nacional e internacional, através da PRIVATIZAÇÃO da PREVIDÊNCIA PÚBLICA ESTATAL da União, Estados, Distrito Federal e Municípios, suas autarquias e fundações, manifestando-se conforme adiante segue:

1. Através da aprovação dos projetos de Lei Complementar nºs 9/99-CD, 1/00-SF e 63/99-SF, o Governo Federal quer privatizar as aposentadorias e pensões do serviço público estatal e do regime geral da previdência social, entregando-as aos fundos complementares privados e companhias seguradoras e sujeitando-as ao regime de incertezas e oscilações do mercado financeiro.

2. No seu conjunto, esses projetos legislativos são socialmente perversos, obedecem à cartilha neoliberal-fiscalista do FMI, privilegiam o setor financeiro e submetem a previdência social aos interesses do lucro privado. Estão entre as suas principais propostas: a) à exceção dos militares, sujeição das aposentadorias e pensões dos agentes políticos e carreiras típicas do Estado a regime de capitalização e regras de mercado dos fundos complementares privados e seguradoras; b) extinção do direito à aposentadoria integral e à paridade entre vencimentos da atividade, proventos da inatividade e pensão por morte do servidor titular de cargo efetivo; c) contribuição obrigatória dos servidores ativos, aposentados e pensionistas, sob critérios financeiros e atuariais, podendo a contribuição do ente público empregador ser inferior à do beneficiário; d) fixação de regime de total irresponsabilidade jurídica da União, Estados, DF e Municípios na previdência complementar privada dos servidores; e) as contribuições do órgão público, os benefícios e as condições contratuais de previdência complementar privada não integram a relação estatutária de trabalho e sua respectiva remuneração; f) portabilidade das reservas individuais acumuladas e aleatoriedade do valor do benefício a ser pago aos aposentados e pensionistas, sujeito aos

humores do mercado financeiro; g) aplicação compulsória do regime de previdência em tela a todos os servidores estatutários admitidos após a sua instituição, bem assim a seus dependentes; h) comprometimento sistêmico das aposentadorias e pensões no passado, presente e futuro da previdência pública estatal.

3. Embora atinja o serviço público brasileiro como um todo, quanto à magistratura a legislação proposta afronta a Constituição Federal e fragiliza o Estado Democrático de Direito, porque: a) usurpa a competência privativa do S.T.F. para propor sobre o regime de previdência pública estatal dos magistrados (art. 93, VI, CF/88); b) vulnera as garantias constitucionais de irredutibilidade, integralidade e paridade de vencimentos, proventos e pensões da magistratura (art. 95, III, art. 40, §§ 3º, 7º e 8º); c) submete os proventos de aposentadoria e pensões dos magistrados (agente político titular de cargo de provimento efetivo) a regime de previdência não-estatal; d) resulta na perda da independência e imparcialidade dos julgamentos, diante da submissão do julgador à lógica do lucro do mercado financeiro, no qual se insere o seu regime de previdência complementar privada; e) submete o julgador ao poder econômico-financeiro; f) cria insegurança remuneratória do cargo na aposentadoria e pensionamento, diante do caráter aleatório e incerto do valor dos benefícios, calculado sob regime de capitalização das contas individuais nos fundos privados de previdência complementar; g) inviabiliza a seleção de profissionais bem-preparados para a judicatura e agrava o déficit existente no preenchimento dos cargos de juiz; h) implica na desqualificação dos quadros da magistratura de carreira, transformada num corredor de passagem dos julgadores mais competentes para a iniciativa privada.

Diante disso, a AJURIS mais uma vez manifesta a sua inconformidade e o seu espírito de luta contra a PRIVATIZAÇÃO da PREVIDÊNCIA PÚBLICA ESTATAL BRASILEIRA pelo GOVERNO FEDERAL, conclamando todos os segmentos sociais públicos e privados, com especial ênfase aos parlamentares federais, para combater e derrotar esse novo projeto de redução do Estado através do desmantelamento dos serviços públicos, planejado com o evidente propósito de obedecer às ordens fiscalistas e de privatização oriundas do FMI, privilegiar o capital financeiro, denegrir o funcionalismo e reduzir direitos sociais dos trabalhadores do setor público.

Porto Alegre, 7 de novembro de 2000.

Luiz Felipe Silveira Difini
PRESIDENTE DA AJURIS

Manifestação do Colégio Permanente de Presidentes de Tribunais de Justiça

Excelentíssimo Senhor
Doutor **RICARDO BERZOINI**
DD. Ministro de Estado da Previdência Social
BRASÍLIA-DF

Reunidos em Brasília, com a responsabilidade ínsita em seus cargos, os Presidentes de Tribunais de Justiça do Brasil julgam de seu dever fazer as seguintes considerações, a propósito da anunciada Reforma da Previdência Social, cuja condução, em boa hora, foi entregue a Vossa Excelência.

Como sabe o ilustre Ministro de Estado, o Poder Judiciário Estadual é responsável por quase setenta por cento da prestação jurisdicional do País, sobre ter, nos seus quadros, perto de dez mil magistrados, entre ativos e inativos, e grande número de pensionistas.

O COLÉGIO DE PRESIDENTES, que reúne todos os Presidentes de Tribunais de Justiça do País, tem, assim, justificada legitimidade para formular estas respeitosas ponderações.

A magistratura, em qualquer País, é reconhecidamente categoria diferenciada dos demais servidores públicos.

Seus membros, no Brasil, estão impedidos de exercer outra atividade, exceto uma, de magistério. Ademais, não podem exercer o comércio ou participar de sociedade comercial, inclusive de economia mista, exceto como acionista ou quotista; não podem, sequer, exercer cargo de direção ou técnico de sociedade civil, associação ou fundação, de qualquer natureza ou finalidade, salvo de associação de classe, e sem remuneração.

Mercê do grave dever de dizerem a verdade legal, a eles se impõem restrições na convivência social, vida recatada e conduta ilibada.

Dando solução aos conflitos, polarizados nas pessoas do autor e réu, suas decisões podem satisfazer a uma das partes, mas, sempre à outra desagradam. Vivem, desta maneira, sob o pesado fogo cruzado daqueles que se sentem injustiçados.

Esta rápida exposição, Senhor Ministro Ricardo Berzoini, revela a singularidade da carreira, função típica de Estado, à semelhança do que ocorre com os membros das Forças Armadas e militares dos Estados.

Tratar a magistratura como qualquer categoria do serviço público ou, até, da atividade privada, constitui grave equívoco, capaz de desestabilizar uma das funções essenciais do Estado.

Inseguro, sem garantias de uma vida digna no futuro, o magistrado buscará constituir patrimônio que o ampare na velhice. Esta contingência, inarredável, poderá desviá-lo de suas graves responsabilidades.

Ser humano, de carne e osso, será acicatado pela angústia e fustigado pela incerteza, que lhe roubarão a paz e serenidade, inapartáveis do ato de julgar.

A magistratura de hoje, cujos direitos adquiridos certamente serão respeitados, não é principal foco de nossas preocupações. Ela, a de hoje, há de merecer o respeito dos homens públicos e da sociedade, que a instituiu e mantém.

Preocupa-nos, mais, a magistratura de amanhã, se lhe faltarem garantias e segurança, indispensáveis ao ofício.

Às considerações acima, os signatários pedem vênia para aditar, topicamente, o seguinte:

SITUAÇÕES DEFINITIVAMENTE CONSTITUÍDAS

Quem já estiver na inatividade, ou quem já satisfez as condições para se aposentar, não poderá ser atingido por qualquer norma superveniente, mesmo fruto de emenda constitucional.

O direito adquirido, aí evidente, dispensa comentários, já que satisfeitas, para fruição do benefício, todas as condições exigidas pela norma positiva vigente.

INICIATIVA EXCLUSIVA DO SUPREMO TRIBUNAL FEDERAL

No que pertine com os Juízes, lembre-se ainda que somente através de lei complementar, de iniciativa do Supremo Tribunal Federal, poderá ser instituído o Estatuto da Magistratura, na qual se tratará do tema. (Constituição Federal, art. 93)

DIREITO DE OPÇÃO DOS ATUAIS MAGISTRADOS

Do regime de previdência previsto no § 14 do art. 40 da Constituição Federal, com a redação da Emenda Constitucional nº 20, de 1998, estão excluídos os servidores que tiverem ingressado no serviço público até a data da publicação do ato de instituição do correspondente regime de previdência complementar. Somente mediante prévia e expressa opção poderão eles ser alcançados pelo regime de previdência complementar (§ 16).

Dessa maneira, Senhor Ministro, os servidores públicos em geral, na hipótese acima citada, têm direito adquirido ao regime de aposentadoria do art. 40, §§ 1º, 2º e 3º, salvo se optarem pelo regime complementar que vier a ser instituído pelo respectivo ente público.

Texto constitucional que vier a ser editado, no exercício do poder constituinte derivado, há de respeitar o direito de opção previsto no § 16, já mencionado, elevado à categoria de garantia individual (Constituição Federal, art. 60, § 4º, IV), insusceptível de derrogação.

DIREITO AO REGIME JURÍDICO CONTEMPORÂNEO DA ADMISSÃO

Muitos magistrados ingressaram na carreira convencidos de que destinatários da garantia da integralidade dos proventos, contemporânea do ato de admissão.

A preferência, então revelada, acode à vocação de cada um. Para exercê-la, fizeram eles madura reflexão: a severidade do concurso, a vida de renúncias a que se sujeitariam e, certamente, a segurança quanto ao futuro, implementadas as condições para a aposentação.

Dolorosa surpresa experimentarão à eventual mudança do regime previdenciário, atingidos, assim, no meio da caminhada por norma a eles adversa.

A certeza de que o tempo anterior à mudança será respeitado não passa de meia garantia, atentatória ao direito adquirido.

REGIME CONTRIBUTIVO SOBRE A INTEGRALIDADE DOS VENCIMENTOS

Os Poderes da República sabem que a contribuição dos servidores públicos, para fins previdenciários, incide sobre a integralidade de seus vencimentos. Na iniciativa privada há limite à contribuição.

Princípio ético, antes de jurídico, exige correspondência entre a contribuição e o provento. A redução deste, a qualquer título, legitima os prejudicados a justificado pedido de restituição, em infindáveis demandas judiciais.

A conclusão de que, na área pública, as contribuições não cobrem os valores dos benefícios, impondo-se a redução destes, é, no mínimo:

a) *simplista*, porque não considera as contribuições pretéritas, que, somadas, ofereceriam lastro para a integralidade dos proventos;

b) *tendenciosa* e *injusta*, na medida em que, desrespeitando os servidores públicos, a eles atribui a responsabilidade pelo desequilíbrio dos cálculos atuariais;

c) *aética*, por parte da mídia, que, de forma apressada e emocional, alimenta a falsa conclusão, sem indagar, uma vez sequer, sobre as contribuições antecedentes e seu destino.

FUNDOS DE PREVIDÊNCIA

A criação de Fundos de Previdência, à eventual alteração da norma constitucional vigente, é matéria grave, a exigir reflexão madura e estudos aprofundados.

Impõe-se, em primeiro lugar, garantir seriedade e transparência na gestão, além de efetiva participação e permanente fiscalização das classes interessadas.

Fundos de Previdência Complementar, geridos por instituições privadas, seguramente ensejarão riscos naturais, quando nada pela volatilidade dos mercados.

Além do mais, a fabulosa massa de recursos a serem administrados poderá gerar competição predatória, que certamente enfraquecerá o sistema e porá em risco sua saúde financeira. Tudo com prejuízo para a legião de servidores públicos encanecidos no ofício.

A serem instituídos, impõe-se assegurar liberdade aos interessados, com possibilidade de opção por fundos públicos ou privados, ou até singulares, abrangentes de determinadas categorias.

PENSÃO POR MORTE

Garantia constitucional de longa data, a pensão é fator de segurança para a família.

O amparo ao cônjuge supérstite comunica tranqüilidade aos que ficaram, permitindo a continuidade da vida, já desfalcada pelos que partiram.

Conforta ao ser humano saber que, à sua morte, não ficará na miséria aquela que sempre o acompanhou, ajudando-o a criar a prole.

Para nós magistrados, a pensão funciona como verdadeiro seguro de vida, conferindo-nos serenidade necessária ao solitário exercício de julgar.

Não acreditamos estar nos planos do Governo extinguir o meritório instituto.

Nesta hora de incertezas em que vivemos, aqui e alhures, a extinção do benefício ora garantido imporia pesado golpe ao magistrado, que necessita, no mínimo, da garantia de que sua viúva terá vida digna e decente.

CONCLUSÃO

Falta diagnóstico idôneo sobre as razões da crise da previdência social.

Ausência de auditoria e de outros meios capazes de revelar as causas de tal situação (não basta invocar seus efeitos), compromete o julgamento dos fatos.

O que jamais poderá acontecer é a triste repetição de erros do passado – erros de gestão – estes, sim, responsáveis pela situação atual.

Permita-nos, Senhor Ministro, um desabafo final: no encaminhamento da Reforma da Previdência Social é necessário ter visão de futuro e discernimento para ver além das aparências.

Render-se às contingências do Tesouro Nacional, expondo os magistrados à insegurança e à incerteza de regime previdenciário terceirizado, é tarefa que poderá agradar aos mercados. Poderá, até, num primeiro momento, parecer meritória, porque exterminadora de garantias, que a má-fé de muitos rotula de "privilégios".

Cedo se descobrirá que, sem magistrados seguros e independentes, a sociedade, indefesa, clamará pelo restabelecimento das garantias que a emoção suprimiu, em culto ao "deus" monetarista.

O Estado se dará conta, então, de que agiu precipitadamente, sacrificando função essencial ao Estado Democrático de Direito.

E, o que é pior, pode ser tarde, muito tarde, se órfão e desesperançado o povo: hoje ele ainda acredita na ação transformadora de uma magistratura altiva, que não se curvará ao modismo do dia, e que, amanhã, ressuscitará, ao clamor daqueles que têm fome e sede de justiça.

Brasília, 18 de fevereiro de 2.003.

José **FERNANDES FILHO**
Presidente da Comissão Executiva

Des. **Ciro Facundo de Almeida**
Presidente do TJ do Acre

Des. **Geraldo Tenório Silveira**
Presidente do TJ de Alagoas

Des. **Carmo Antônio de Souza**
Presidente do TJ do Amapá

Des. **Natanael Caetano Fernandes**
Presidente do TJ do Distrito Federal

Des(a). **Marinildes Costeira Mendonça Lima**
Presidente do TJ do Amazonas

Des. **Carlos Alberto Dultra Cintra**
Presidente do TJ da Bahia

Des. **João de Deus Barros Bringel**
Presidente do TJ do Ceará

Des. **Alemer Ferraz Moulin**
Presidente do TJ do Espírito Santo

Des. **Charife Oscar Abrão**
Presidente do TJ de Goiás

Des (a). **Etelvina Luíza R. Gonçalves**
Presidente do TJ do Maranhão

Des. **Leônidas Duarte Monteiro**
Presidente do TJ do Mato Grosso

Des. **Rubens Bergonzi Bossay**
Presidente do TJ do Mato Grosso do Sul

Des. **Gudesteu Biber Sampaio**
Presidente do TJ de Minas Gerais

Des(a). **Maria de Nazareth Brabo Souza**
Presidente do TJ do Pará

Des. **Plínio Leite Fontes**
Presidente do TJ da Paraíba

Des. **Oto Luiz Sponholz**
Presidente do TJ do Paraná

Des. **José Napoleão T. Oliveira**
Presidente do TJ de Pernambuco

Des. **João Menezes da Silva**
Presidente do TJ do Piauí

Des. **Miguel Pachá**
Presidente do TJ do Rio de Janeiro

Des. **Aécio Sampaio Marinho**
Presidente do TJ do Rio Grande do Norte

Des. **José Eugênio Tedesco**
Presidente do TJ do Rio Grande do Sul

Des. **Gabriel Marques de Carvalho**
Presidente do TJ de Rondônia

Des. **Ricardo de Aguiar Oliveira**
Presidente do TJ de Roraima

Des. **Antônio Fernando Amaral e Silva**
Presidente do TJ de Santa Catarina

Des. **Sérgio Augusto Nigro Conceição**
Presidente do TJ de São Paulo

Des. **Manuel Pascoal Nabuco D'Ávila**
Presidente do TJ de Sergipe

Des. **Marco Anthony S. Villas Boas**
Presidente do TJ de Tocantins

Des. **Caio Otávio R. Alencar**
Membro da Comissão Executiva

Des. **José Eduardo Grandi Ribeiro**
Membro da Comissão Executiva

Des. **Marcus Antônio de Souza Faver**
Membro da Comissão Executiva

Des. **Manuel Neuzimar Pinheiro**
Membro da Comissão Executiva

Des. **Rêmolo Letteriello**
Membro da Comissão Executiva

Des. **Robério Nunes dos Anjos**
Membro da Comissão Executiva

Manifestação da AJURIS no II Fórum Mundial de Juízes - Aprovada à unanimidade

A Previdência e a reordenação do pacto social

A edição da Revista Veja, nº 1786, de 22 de janeiro de 2003, ultrapassa os limites de mera crítica e avança na tentativa de ridicularizar e menosprezar à magistratura, usando, na sua capa, um artifício grosseiro, equiparando os juízes brasileiros à condição análoga de um cachorro que procura segurar o osso a todo custo, fazendo alusão à reação corporativa em face do episódio da reforma da Previdência.

Não obstante o conteúdo absolutamente parcial da reportagem, em clara intenção de lançar a magistratura "às feras", como se ela fosse a causa do suposto déficit financeiro da previdência e principal responsável pela situação das contas públicas do Estado, cabe algumas considerações.

A Constituição Federal de 1988 editou entre nós o novo pacto social. O seu maior legado é a definição soberana de que o Brasil é um "Estado Democrático de Direito". Entre as cláusulas pétreas – art. 60, § 4º, está a separação dos Poderes. Vale dizer, não cabe emenda constitucional sobre o tema. A razão é simples, porque o Constituinte originário pretendeu preservar a estrutura de organização do Estado, afirmando em seu art. 2º: "São Poderes da União, independentes e harmônicos entre si, o Legislativo, o Executivo e o Judiciário".

No Capítulo III, do Poder Judiciário, na concretização da autonomia mencionada, entre as diversas competências privativas do STF, está a iniciativa legislativa de dispor sobre a aposentadoria dos magistrados e a pensão dos seus dependentes (inciso VI). E, entre os predicados da magistratura, como prerrogativa funcional, estão a irredutibilidade de vencimentos e a vitaliciedade. Junto às prerrogativas, estão elencadas uma série de restrições, não encontradas em qualquer outra atividade profissional ou função pública. Tão severas são essas que o juiz sequer pode ser síndico de seu edifício ou exercer opção partidária. O conjunto de prerrogativas e restrições deve ser entendido dentro do sistema, que idealizou um juiz isento, imune às pressões do poder político ou econômico. Esta a razão da definitividade no cargo e da não redução dos seus ganhos, inclusive na aposentação. É fácil observar que tais garantias são voltadas à cidadania. Portanto, isso nada tem a ver com privilégio pessoal, mas diz respeito à garantia de exercício independente da função jurisdicional.

Mesmo que assim não fosse, interessa-nos o debate sobre a previdência, porque ele vai pautar o modelo de Estado que se pretende. Não há dúvida que, em uma democracia que se diz social, a previdência não pode ter fim lucrativo; ao contrário, ela implica, necessariamente, um custo para a Nação. A proposta do Governo FHC – PLP 09 –, tão criticada pela então oposição, tinha como norte a privatização do sistema, estabelecendo um limite para as aposentadorias, jogando sua complementação aos fundos previdenciários, sem qualquer participação ou responsabilidade pública. Cuida-se de um excelente "filão", na qual as seguradoras e os grandes "trusties" financeiros internacionais estão arregalados. A reportagem referida menciona o Chile como o primeiro País a seguir a cartilha neoliberal. Talvez por má fé ou ignorância, não ressalvou que, lá, os fundos privados estão quebrados, tendo a poupança chilena "engordado" os bolsos de especuladores financeiros alienígenas, empobrecendo a velhice e acarretando, daí, um custo social grave para o Estado.

Também é razoável esclarecer que, em qualquer regime previdenciário (não estou falando em poupança privada), o ente público deve colaborar – no mínimo – em igual proporção ao segurado. Logo, não seria difícil imaginar que se o Estado aportasse o equivalente a 11% sobre o total da remuneração bruta dos juízes, não haveria que se falar nos déficits acumulados noticiados pela grande mídia. Outra impropriedade absurda é pretender unificar o regime previdenciário dos servidores públicos e trabalhadores da iniciativa privada. Não há como misturar "óleo com vinho". A proposta resultaria em um "monstro sem pé e cabeça". Pois os sistemas são absolutamente distintos. Não seria razoável pensar em um juiz sem estabilidade, cobrando horas extras, repouso semanal remunerado, e, "de quebra", rescindindo seu contrato com o patrão (quem seria ele?) e recebendo o FGTS, abatendo-o na aquisição da casa própria. Ora, um magistrado que não tenha legado herança ou acumulado patrimônio pessoal anterior ao ingresso na função não terá como pensar em fortuna. O máximo que almejará, fruto de muita disciplina e uma vida sem excessos, é adquirir sua casa própria, educar aos filhos, deixando a esses o legado moral e o espírito honrado de homem público.

Nada além disso. Pretender que isso se constitua em privilégio traduz uma retórica odiosa, que só faz alimentar luta entre classes e que, repetida à exaustão, sem resposta, terminará em verdade.

Não se sustenta, aqui, a desnecessidade de reforma para modernizar a estrutura do Estado. Os verdadeiros privilégios devem ser identificados e apontados com clareza, cumprindo alijar-se do sistema as distorções. Injustificável aposentadorias integrais sem um mínimo tempo razoável de contribuição; intolerável certas incorporações absurdas. Há que se discutir serenamente sobre a possibilidade de o aposentado seguir contribuindo para o sistema. Cogitar de eventual necessária elevação de alíquotas, mas não a ponto de significar confisco. Tudo com base em estudos atuarias sérios e tendo presente a natureza do sistema; mas não reforma baseada em "loby" de grupos financeiros externos interessados no "filão".

A magistratura tem o máximo interesse e o compromisso ético, fincado na responsabilidade social do cargo, em contribuir, decisivamente, na reordenação do novo Pacto Social, buscando o verdadeiro espírito da Constituição de 1988, chamada de cidadã. Isso envolve, necessariamente, respeito à dignidade da velhice.

O Ministro Tarso Genro, coordenador da Secretaria de Desenvolvimento Econômico e Social do Governo, tem peregrinado em audiências com os diversos segmentos da sociedade civil organizada brasileira, reiterando sua intenção em uma reforma que ataque aos "nichos de privilégios, pequenos, mas politicamente fortes, que existem no serviço público, promovendo o equilíbrio social com melhor distribuição de renda. Tem acentuado sua inquebrantável visão de previdência pública, a perfeita noção de direito adquirido e a clara distinção entre privilégio e prerrogativa. Não apenas isso, tem sustentado, sobretudo, a idéia da necessidade de financiamento do custo social do Estado, que passa, necessariamente, por uma reforma tributária justa, capaz de promover a melhor distribuição de renda, fato tão reclamado pela Sociedade.

É sua missão principal, todavia, promover a concertação nacional, não permitindo que o episódio das reformas de Estado venham a se constituir em palco de conflito de classes, inviabilizando o projeto político de governo. Os exemplos próximos sinalizam para a necessidade de cautela. Seria fundamental, nesse momento, que manifestações preconceituosas, como a constante na Revista Veja, não transitassem em julgado. Tampouco é recomendável que setores organizados da força sindical brasileira ameacem, de forma precipitada e coativa, paralisações contra supostos privilégios não bem identificados. A democracia brasileira já deu mostras suficientes de amadurecimento, capaz, portanto, de superar esse momento de turbulência.

A reordenação do novo Pacto Social passa pelo incansável e exaustivo trabalho político, na busca de consensos, tendo presente o bem estar social e, para tanto, a preservação do serviço público, tudo com respeito aos limites constitucionais de um processo de reforma.

José Aquino Flôres de Camargo
PRESIDENTE DA AJURIS

Anexo II - Legislação

Emenda Constitucional nº 20

Modifica o sistema de previdência social, estabelece normas de transição e dá outras providências.

AS MESAS DA CÂMARA DOS DEPUTADOS E DO SENADO FEDERAL, nos termos do § 3º do art. 60 da Constituição Federal, promulgam a seguinte emenda ao texto constitucional:
Art.1º A Constituição Federal passa a vigorar com as seguintes alterações:
"Art.7º...
XII - salário-família pago em razão do dependente do trabalhador de baixa renda nos termos da lei;

...

XXXIII - proibição de trabalho noturno, perigoso ou insalubre a menores de dezoito e de qualquer trabalho a menores de dezesseis anos, salvo na condição de aprendiz, a partir de quatorze anos;
....."
"Art. 37...
§ 10. É vedada a percepção simultânea de proventos de aposentadoria decorrentes do art. 40 ou dos arts. 42 e 142 com a remuneração de cargo, emprego ou função pública, ressalvados os cargos acumuláveis na forma desta Constituição, os cargos eletivos e os cargos em comissão declarados em lei de livre nomeação e exoneração."
"Art. 40. Aos servidores titulares de cargos efetivos da União, dos Estados, do Distrito Federal e dos Municípios, incluídas suas autarquias e fundações, é assegurado regime de previdência de caráter contributivo, observados critérios que preservem o equilíbrio financeiro e atuarial e o disposto neste artigo.
§ 1º Os servidores abrangidos pelo regime de previdência de que trata este artigo serão aposentados, calculados os seus proventos a partir dos valores fixados na forma do § 3º:
I - por invalidez permanente, sendo os proventos proporcionais ao tempo de contribuição, exceto se decorrente de acidente em serviço, moléstia profissional ou doença grave, contagiosa ou incurável, especificadas em lei;
II - compulsoriamente, aos setenta anos de idade, com proventos proporcionais ao tempo de contribuição;

III - voluntariamente, desde que cumprido tempo mínimo de dez anos de efetivo exercício no serviço público e cinco anos no cargo efetivo em que se dará a aposentadoria, observadas as seguintes condições:

a) sessenta anos de idade e trinta e cinco de contribuição, se homem, e cinqüenta e cinco anos de idade e trinta de contribuição, se mulher;

b) sessenta e cinco anos de idade, se homem, e sessenta anos de idade, se mulher, com proventos proporcionais ao tempo de contribuição.

§ 2º Os proventos de aposentadoria e as pensões, por ocasião de sua concessão, não poderão exceder a remuneração do respectivo servidor, no cargo efetivo em que se deu a aposentadoria ou que serviu de referência para a concessão da pensão.

§ 3º Os proventos de aposentadoria, por ocasião da sua concessão, serão calculados com base na remuneração do servidor no cargo efetivo em que se der a aposentadoria e, na forma da lei, corresponderão à totalidade da remuneração.

§ 4º É vedada a adoção de requisitos e critérios diferenciados para a concessão de aposentadoria aos abrangidos pelo regime de que trata este artigo, ressalvados os casos de atividades exercidas exclusivamente sob condições especiais que prejudiquem a saúde ou a integridade física, definidos em lei complementar.

§ 5º Os requisitos de idade e de tempo de contribuição serão reduzidos em cinco anos, em relação ao disposto no § 1º, III, a, para o professor que comprove exclusivamente tempo de efetivo exercício das funções de magistério na educação infantil e no ensino fundamental e médio.

§ 6º Ressalvadas as aposentadorias decorrentes dos cargos acumuláveis na forma desta Constituição, é vedada a percepção de mais de uma aposentadoria à conta do regime de previdência previsto neste artigo.

§ 7º Lei disporá sobre a concessão do benefício da pensão por morte, que será igual ao valor dos proventos do servidor falecido ou ao valor dos proventos a que teria direito o servidor em atividade na data de seu falecimento, observado o disposto no § 3º.

§ 8º Observado o disposto no art. 37, XI, os proventos de aposentadoria e as pensões serão revistos na mesma proporção e na mesma data, sempre que se modificar a remuneração dos servidores em atividade, sendo também estendidos aos aposentados e aos pensionistas quaisquer benefícios ou vantagens posteriormente concedidos aos servidores em atividade, inclusive quando decorrentes da transformação ou reclassificação do cargo ou função em que se deu a aposentadoria ou que serviu de referência para a concessão da pensão, na forma da lei.

§ 9º O tempo de contribuição federal, estadual ou municipal será contado para efeito de aposentadoria e o tempo de serviço correspondente para efeito de disponibilidade.

§ 10. A lei não poderá estabelecer qualquer forma de contagem de tempo de contribuição fictício.

§ 11. Aplica-se o limite fixado no art. 37, XI, à soma total dos proventos de inatividade, inclusive quando decorrentes da acumulação de cargos ou empregos públicos, bem como de outras atividades sujeitas a contribuição para o regime geral de previdência social, e ao montante resultante da adição de proventos de inatividade com remuneração de cargo acumulável na forma desta Constituição, cargo em comissão declarado em lei de livre nomeação e exoneração, e de cargo eletivo.

§ 12. Além do disposto neste artigo, o regime de previdência dos servidores públicos titulares de cargo efetivo observará, no que couber, os requisitos e critérios fixados para o regime geral de previdência social.

§ 13. Ao servidor ocupante, exclusivamente, de cargo em comissão declarado em lei de livre nomeação e exoneração bem como de outro cargo temporário ou de emprego público, aplica-se o regime geral de previdência social.

§ 14. A União, os Estados, o Distrito Federal e os Municípios, desde que instituam regime de previdência complementar para os seus respectivos servidores titulares de cargo efetivo, poderão fixar, para o valor das aposentadorias e pensões a serem concedidas pelo regime de que trata este artigo, o limite máximo estabelecido para os benefícios do regime geral de previdência social de que trata o art. 201.

§ 15. Observado o disposto no art. 202, lei complementar disporá sobre as normas gerais para a instituição de regime de previdência complementar pela União, Estados, Distrito Federal e Municípios, para atender aos seus respectivos servidores titulares de cargo efetivo.

§ 16. Somente mediante sua prévia e expressa opção, o disposto nos §§ 14 e 15 poderá ser aplicado ao servidor que tiver ingressado no serviço público até a data da publicação do ato de instituição do correspondente regime de previdência complementar."

"Art. 42 ...

§ 1º Aplicam-se aos militares dos Estados, do Distrito Federal e dos Territórios, além do que vier a ser fixado em lei, as disposições do art. 14, § 8º; do art. 40, § 9º; e do art. 142, §§ 2º e 3º, cabendo a lei estadual específica dispor sobre as matérias do art. 142, § 3º, inciso X, sendo as patentes dos oficiais conferidas pelos respectivos governadores.

§ 2º Aos militares dos Estados, do Distrito Federal e dos Territórios e a seus pensionistas, aplica-se o disposto no art. 40, §§ 7º e 8º."

"Art. 73 ...

§ 3º Os Ministros do Tribunal de Contas da União terão as mesmas garantias, prerrogativas, impedimentos, vencimentos e vantagens dos Ministros do Superior Tribunal de Justiça, aplicando-se-lhes, quanto à aposentadoria e pensão, as normas constantes do art. 40.
..."

"Art. 93 ...

VI - a aposentadoria dos magistrados e a pensão de seus dependentes observarão o disposto no art. 40;
..."

"Art. 100 ...

§ 3º O disposto no *caput* deste artigo, relativamente à expedição de precatórios, não se aplica aos pagamentos de obrigações definidas em lei como de pequeno valor que a Fazenda Federal, Estadual ou Municipal deva fazer em virtude de sentença judicial transitada em julgado."

"Art. 114...
§ 3º Compete ainda à Justiça do Trabalho executar, de ofício, as contribuições sociais previstas no art. 195, I, a, e II, e seus acréscimos legais, decorrentes das sentenças que proferir."
"Art. 142...
§ 3º...
IX - aplica-se aos militares e a seus pensionistas o disposto no art. 40, §§ 7º e 8º;
..."
"Art. 167...
XI - a utilização dos recursos provenientes das contribuições sociais de que trata o art. 195, I, a, e II, para a realização de despesas distintas do pagamento de benefícios do regime geral de previdência social de que trata o art. 201.
..."
"Art. 194...
Parágrafo único...
...
VII - caráter democrático e descentralizado da administração, mediante gestão quadripartite, com participação dos trabalhadores, dos empregadores, dos aposentados e do Governo nos órgãos colegiados."
"Art.195...
I - do empregador, da empresa e da entidade a ela equiparada na forma da lei, incidentes sobre:
a) a folha de salários e demais rendimentos do trabalho pagos ou creditados, a qualquer título, à pessoa física que lhe preste serviço, mesmo sem vínculo empregatício;
b) a receita ou o faturamento;
c) o lucro;
II - do trabalhador e dos demais segurados da previdência social, não incidindo contribuição sobre aposentadoria e pensão concedidas pelo regime geral de previdência social de que trata o art. 201;
...
§ 8º O produtor, o parceiro, o meeiro e o arrendatário rurais e o pescador artesanal, bem como os respectivos cônjuges, que exerçam suas atividades em regime de economia familiar, sem empregados permanentes, contribuirão para a seguridade social mediante a aplicação de uma alíquota sobre o resultado da comercialização da produção e farão jus aos benefícios nos termos da lei.
§ 9º As contribuições sociais previstas no inciso I deste artigo poderão ter alíquotas ou bases de cálculo diferenciadas, em razão da atividade econômica ou da utilização intensiva de mão-de-obra.
§ 10. A lei definirá os critérios de transferência de recursos para o sistema único de saúde e ações de assistência social da União para os Estados, o Distrito Federal e os Municípios, e dos Estados para os Municípios, observada a respectiva contrapartida de recursos.
§ 11. É vedada a concessão de remissão ou anistia das contribuições sociais de que tratam os incisos I, a, e II deste artigo, para débitos em montante superior ao fixado em lei complementar."

"Art. 201. A previdência social será organizada sob a forma de regime geral, de caráter contributivo e de filiação obrigatória, observados critérios que preservem o equilíbrio financeiro e atuarial, e atenderá, nos termos da lei, a:

I - cobertura dos eventos de doença, invalidez, morte e idade avançada;

II - proteção à maternidade, especialmente à gestante;

III - proteção ao trabalhador em situação de desemprego involuntário;

IV - salário-família e auxílio-reclusão para os dependentes dos segurados de baixa renda;

V - pensão por morte do segurado, homem ou mulher, ao cônjuge ou companheiro e dependentes, observado o disposto no § 2º.

§ 1º É vedada a adoção de requisitos e critérios diferenciados para a concessão de aposentadoria aos beneficiários do regime geral de previdência social, ressalvados os casos de atividades exercidas sob condições especiais que prejudiquem a saúde ou a integridade física, definidos em lei complementar.

§ 2º Nenhum benefício que substitua o salário de contribuição ou o rendimento do trabalho do segurado terá valor mensal inferior ao salário mínimo.

§ 3º Todos os salários de contribuição considerados para o cálculo de benefício serão devidamente atualizados, na forma da lei.

§ 4º É assegurado o reajustamento dos benefícios para preservar-lhes, em caráter permanente, o valor real, conforme critérios definidos em lei.

§ 5º É vedada a filiação ao regime geral de previdência social, na qualidade de segurado facultativo, de pessoa participante de regime próprio de previdência.

§ 6º A gratificação natalina dos aposentados e pensionistas terá por base o valor dos proventos do mês de dezembro de cada ano.

§ 7º É assegurada aposentadoria no regime geral de previdência social, nos termos da lei, obedecidas as seguintes condições:

I - trinta e cinco anos de contribuição, se homem, e trinta anos de contribuição, se mulher;

II - sessenta e cinco anos de idade, se homem, e sessenta anos de idade, se mulher, reduzido em cinco anos o limite para os trabalhadores rurais de ambos os sexos e para os que exerçam suas atividades em regime de economia familiar, nestes incluídos o produtor rural, o garimpeiro e o pescador artesanal.

§ 8º Os requisitos a que se refere o inciso I do parágrafo anterior serão reduzidos em cinco anos, para o professor que comprove exclusivamente tempo de efetivo exercício das funções de magistério na educação infantil e no ensino fundamental e médio.

§ 9º Para efeito de aposentadoria, é assegurada a contagem recíproca do tempo de contribuição na administração pública e na atividade privada, rural e urbana, hipótese em que os diversos regimes de previdência social se compensarão financeiramente, segundo critérios estabelecidos em lei.

§ 10. Lei disciplinará a cobertura do risco de acidente do trabalho, a ser atendida concorrentemente pelo regime geral de previdência social e pelo setor privado.

§ 11. Os ganhos habituais do empregado, a qualquer título, serão incorporados ao salário para efeito de contribuição previdenciária e conseqüente repercussão em benefícios, nos casos e na forma da lei."

"Art. 202. O regime de previdência privada, de caráter complementar e organizado de forma autônoma em relação ao regime geral de previdência social, será facultativo, baseado na constituição de reservas que garantam o benefício contratado, e regulado por lei complementar.

§ 1º A lei complementar de que trata este artigo assegurará ao participante de planos de benefícios de entidades de previdência privada o pleno acesso às informações relativas à gestão de seus respectivos planos.

§ 2º As contribuições do empregador, os benefícios e as condições contratuais previstas nos estatutos, regulamentos e planos de benefícios das entidades de previdência privada não integram o contrato de trabalho dos participantes, assim como, à exceção dos benefícios concedidos, não integram a remuneração dos participantes, nos termos da lei.

§ 3º É vedado o aporte de recursos a entidade de previdência privada pela União, Estados, Distrito Federal e Municípios, suas autarquias, fundações, empresas públicas, sociedades de economia mista e outras entidades públicas, salvo na qualidade de patrocinador, situação na qual, em hipótese alguma, sua contribuição normal poderá exceder a do segurado.

§ 4º Lei complementar disciplinará a relação entre a União, Estados, Distrito Federal ou Municípios, inclusive suas autarquias, fundações, sociedades de economia mista e empresas controladas direta ou indiretamente, enquanto patrocinadoras de entidades fechadas de previdência privada, e suas respectivas entidades fechadas de previdência privada.

§ 5º A lei complementar de que trata o parágrafo anterior aplicar-se-á, no que couber, às empresas privadas permissionárias ou concessionárias de prestação de serviços públicos, quando patrocinadoras de entidades fechadas de previdência privada.

§ 6º A lei complementar a que se refere o § 4º deste artigo estabelecerá os requisitos para a designação dos membros das diretorias das entidades fechadas de previdência privada e disciplinará a inserção dos participantes nos colegiados e instâncias de decisão em que seus interesses sejam objeto de discussão e deliberação."

Art. 2º A Constituição Federal, nas Disposições Constitucionais Gerais, é acrescida dos seguintes artigos:

"Art. 248. Os benefícios pagos, a qualquer título, pelo órgão responsável pelo regime geral de previdência social, ainda que à conta do Tesouro Nacional, e os não sujeitos ao limite máximo de valor fixado para os benefícios concedidos por esse regime observarão os limites fixados no art. 37, XI.

Art. 249. Com o objetivo de assegurar recursos para o pagamento de proventos de aposentadoria e pensões concedidas aos respectivos servidores e seus dependentes, em adição aos recursos dos respectivos tesouros, a União, os Estados, o Distrito Federal e os Municípios poderão constituir fundos integrados pelos recursos provenientes de contribuições e por bens, direitos e ativos de qualquer natureza, mediante lei que disporá sobre a natureza e administração desses fundos.

Art. 250. Com o objetivo de assegurar recursos para o pagamento dos benefícios concedidos pelo regime geral de previdência social, em adição aos recursos de sua arrecadação, a União poderá constituir fundo integrado por bens, direitos e ativos de qualquer natureza, mediante lei que disporá sobre a natureza e administração desse fundo."

Art. 3º É assegurada a concessão de aposentadoria e pensão, a qualquer tempo, aos servidores públicos e aos segurados do regime geral de previdência social, bem como aos seus dependentes, que, até a data da publicação desta Emenda, tenham cumprido os requisitos para a obtenção destes benefícios, com base nos critérios da legislação então vigente.

§ 1º O servidor de que trata este artigo, que tenha completado as exigências para aposentadoria integral e que opte por permanecer em atividade fará jus à isenção da contribuição previdenciária até completar as exigências para aposentadoria contidas no art. 40, § 1º, III, *a*, da Constituição Federal.

§ 2º Os proventos da aposentadoria a ser concedida aos servidores públicos referidos no *caput*, em termos integrais ou proporcionais ao tempo de serviço já exercido até a data de publicação desta Emenda, bem como as pensões de seus dependentes, serão calculados de acordo com a legislação em vigor à época em que foram atendidas as prescrições nela estabelecidas para a concessão destes benefícios ou nas condições da legislação vigente.

§ 3º São mantidos todos os direitos e garantias assegurados nas disposições constitucionais vigentes à data de publicação desta Emenda aos servidores e militares, inativos e pensionistas, aos anistiados e aos ex-combatentes, assim como àqueles que já cumpriram, até aquela data, os requisitos para usufruírem tais direitos, observado o disposto no art. 37, XI, da Constituição Federal.

Art. 4º Observado o disposto no art. 40, § 10, da Constituição Federal, o tempo de serviço considerado pela legislação vigente para efeito de aposentadoria, cumprido até que a lei discipline a matéria, será contado como tempo de contribuição.

Art. 5º O disposto no art. 202, § 3º, da Constituição Federal, quanto à exigência de paridade entre a contribuição da patrocinadora e a contribuição do segurado, terá vigência no prazo de dois anos a partir da publicação desta Emenda, ou, caso ocorra antes, na data de publicação da lei complementar a que se refere o § 4º do mesmo artigo.

Art. 6º As entidades fechadas de previdência privada patrocinadas por entidades públicas, inclusive empresas públicas e sociedades de economia mista, deverão rever, no prazo de dois anos, a contar da publicação desta Emenda, seus planos de benefícios e serviços, de modo a ajustá-los atuarialmente a seus ativos, sob pena de intervenção, sendo seus dirigentes e os de suas respectivas patrocinadoras responsáveis civil e criminalmente pelo descumprimento do disposto neste artigo.

Art. 7º Os projetos das leis complementares previstas no art. 202 da Constituição Federal deverão ser apresentados ao Congresso Nacional no prazo máximo de noventa dias após a publicação desta Emenda.

Art. 8º Observado o disposto no art. 4º desta Emenda e ressalvado o direito de opção a aposentadoria pelas normas por ela estabelecidas, é assegurado o direito à aposentadoria voluntária com proventos calculados de acordo com o art. 40, § 3º, da Constituição Federal, àquele que tenha ingressado regularmente em cargo efetivo na Administração Pública, direta, autárquica e fundacional, até a data de publicação desta Emenda, quando o servidor, cumulativamente:

I - tiver cinqüenta e três anos de idade, se homem, e quarenta e oito anos de idade, se mulher;

II - tiver cinco anos de efetivo exercício no cargo em que se dará a aposentadoria;

III - contar tempo de contribuição igual, no mínimo, à soma de:

a) trinta e cinco anos, se homem, e trinta anos, se mulher; e

b) um período adicional de contribuição equivalente a vinte por cento do tempo que, na data da publicação desta Emenda, faltaria para atingir o limite de tempo constante da alínea anterior.

§ 1º O servidor de que trata este artigo, desde que atendido o disposto em seus incisos I e II, e observado o disposto no art. 4º desta Emenda, pode aposentar-se com proventos proporcionais ao tempo de contribuição, quando atendidas as seguintes condições:

I - contar tempo de contribuição igual, no mínimo, à soma de:

a) trinta anos, se homem, e vinte e cinco anos, se mulher; e

b) um período adicional de contribuição equivalente a quarenta por cento do tempo que, na data da publicação desta Emenda, faltaria para atingir o limite de tempo constante da alínea anterior;

II - os proventos da aposentadoria proporcional serão equivalentes a setenta por cento do valor máximo que o servidor poderia obter de acordo com o *caput*, acrescido de cinco por cento por ano de contribuição que supere a soma a que se refere o inciso anterior, até o limite de cem por cento.

§ 2º Aplica-se ao magistrado e ao membro do Ministério Público e de Tribunal de Contas o disposto neste artigo.

§ 3º Na aplicação do disposto no parágrafo anterior, o magistrado ou o membro do Ministério Público ou de Tribunal de Contas, se homem, terá o tempo de serviço exercido até a publicação desta Emenda contado com o acréscimo de dezessete por cento.

§ 4º O professor, servidor da União, dos Estados, do Distrito Federal e dos Municípios, incluídas suas autarquias e fundações, que, até a data da publicação desta Emenda, tenha ingressado, regularmente, em cargo efetivo de magistério e que opte por aposentar-se na forma do disposto no *caput*, terá o tempo de serviço exercido até a publicação desta Emenda contado com o acréscimo de dezessete por cento, se homem, e de vinte por cento, se mulher, desde que se aposente, exclusivamente, com tempo de efetivo exercício das funções de magistério.

§ 5º O servidor de que trata este artigo, que, após completar as exigências para aposentadoria estabelecidas no *caput*, permanecer em atividade, fará jus à isenção da contribuição previdenciária até completar as exigências para aposentadoria contidas no art. 40, § 1º, III, *a*, da Constituição Federal.

Art. 9º Observado o disposto no art. 4º desta Emenda e ressalvado o direito de opção a aposentadoria pelas normas por ela estabelecidas para o regime geral de previdência social, é assegurado o direito à aposentadoria ao segurado que se tenha filiado ao regime geral de previdência social, até a data de publicação desta Emenda, quando, cumulativamente, atender aos seguintes requisitos:

I - contar com cinqüenta e três anos de idade, se homem, e quarenta e oito anos de idade, se mulher; e

II - contar tempo de contribuição igual, no mínimo, à soma de:

a) trinta e cinco anos, se homem, e trinta anos, se mulher; e

b) um período adicional de contribuição equivalente a vinte por cento do tempo que, na data da publicação desta Emenda, faltaria para atingir o limite de tempo constante da alínea anterior.

§ 1º O segurado de que trata este artigo, desde que atendido o disposto no inciso I do *caput,* e observado o disposto no art. 4º desta Emenda, pode aposentar-se com valores proporcionais ao tempo de contribuição, quando atendidas as seguintes condições:

I - contar tempo de contribuição igual, no mínimo, à soma de:

a) trinta anos, se homem, e vinte e cinco anos, se mulher; e

b) um período adicional de contribuição equivalente a quarenta por cento do tempo que, na data da publicação desta Emenda, faltaria para atingir o limite de tempo constante da alínea anterior;

II - o valor da aposentadoria proporcional será equivalente a setenta por cento do valor da aposentadoria a que se refere o *caput,* acrescido de cinco por cento por ano de contribuição que supere a soma a que se refere o inciso anterior, até o limite de cem por cento.

§ 2º O professor que, até a data da publicação desta Emenda, tenha exercido atividade de magistério e que opte por aposentar-se na forma do disposto no *caput,* terá o tempo de serviço exercido até a publicação desta Emenda contado com o acréscimo de dezessete por cento, se homem, e de vinte por cento, se mulher, desde que se aposente, exclusivamente, com tempo de efetivo exercício de atividade de magistério.

Art. 10. O regime de previdência complementar de que trata o art. 40, §§ 14, 15 e 16, da Constituição Federal, somente poderá ser instituído após a publicação da lei complementar prevista no § 15 do mesmo artigo.

Art. 11. A vedação prevista no art. 37, § 10, da Constituição Federal, não se aplica aos membros de poder e aos inativos, servidores e militares, que, até a publicação desta Emenda, tenham ingressado novamente no serviço público por concurso público de provas ou de provas e títulos, e pelas demais formas previstas na Constituição Federal, sendo-lhes proibida a percepção de mais de uma aposentadoria pelo regime de previdência a que se refere o art. 40 da Constituição Federal, aplicando-se-lhes, em qualquer hipótese, o limite de que trata o § 11 deste mesmo artigo.

Art. 12. Até que produzam efeitos as leis que irão dispor sobre as contribuições de que trata o art. 195 da Constituição Federal, são exigíveis as estabelecidas em lei, destinadas ao custeio da seguridade social e dos diversos regimes previdenciários.

Art. 13. Até que a lei discipline o acesso ao salário-família e auxílio-reclusão para os servidores, segurados e seus dependentes, esses benefícios serão concedidos apenas àqueles que tenham renda bruta mensal igual ou inferior a R$ 360,00 (trezentos e sessenta reais), que, até a publicação da lei, serão corrigidos pelos mesmos índices aplicados aos benefícios do regime geral de previdência social.

Art. 14. O limite máximo para o valor dos benefícios do regime geral de previdência social de que trata o art. 201 da Constituição Federal é fixado em R$ 1.200,00 (um mil e duzentos reais), devendo, a partir da data da publicação desta Emenda, ser reajustado de forma a preservar, em caráter permanente, seu valor real, atualizado pelos mesmos índices aplicados aos benefícios do regime geral de previdência social.

Art. 15. Até que a lei complementar a que se refere o art. 201, § 1º, da Constituição Federal, seja publicada, permanece em vigor o disposto nos arts. 57 e 58 da Lei nº 8.213, de 24 de julho de 1991, na redação vigente à data da publicação desta Emenda.

Art. 16. Esta Emenda Constitucional entra em vigor na data de sua publicação.

Art. 17. Revoga-se o inciso II do § 2º do art. 153 da Constituição Federal.

Brasília, 15 de dezembro de 1998

Mesa da Câmara dos Deputados
Mesa do Senado Federal

Lei Complementar nº 108, de 29 de maio de 2001

Dispõe sobre a relação entre a União, os Estados, o Distrito Federal e os Municípios, suas autarquias, fundações, sociedades de economia mista e outras entidades públicas e suas respectivas entidades fechadas de previdência complementar, e dá outras providências.

O PRESIDENTE DA REPÚBLICA Faço saber que o Congresso Nacional decreta e eu sanciono a seguinte Lei Complementar:

CAPÍTULO I
INTRODUÇÃO

Art. 1º A relação entre a União, os Estados, o Distrito Federal e os Municípios, inclusive suas autarquias, fundações, sociedades de economia mista e empresas controladas direta ou indiretamente, enquanto patrocinadores de entidades fechadas de previdência complementar, e suas respectivas entidades fechadas, a que se referem os §§ 3º, 4º, 5º e 6º do art. 202 da Constituição Federal, será disciplinada pelo disposto nesta Lei Complementar.

Art. 2º As regras e os princípios gerais estabelecidos na Lei Complementar que regula o caput do art. 202 da Constituição Federal aplicam-se às entidades reguladas por esta Lei Complementar, ressalvadas as disposições específicas.

CAPÍTULO II
DOS PLANOS DE BENEFÍCIOS

Seção I
Disposições Especiais

Art. 3º Observado o disposto no artigo anterior, os planos de benefícios das entidades de que trata esta Lei Complementar atenderão às seguintes regras:

I – carência mínima de sessenta contribuições mensais a plano de benefícios e cessação do vínculo com o patrocinador, para se tornar elegível a um benefício de prestação que seja programada e continuada; e

II – concessão de benefício pelo regime de previdência ao qual o participante esteja filiado por intermédio de seu patrocinador, quando se tratar de plano na modalidade benefício definido, instituído depois da publicação desta Lei Complementar.

Parágrafo único. Os reajustes dos benefícios em manutenção serão efetuados de acordo com critérios estabelecidos nos regulamentos dos planos de benefícios, vedado o repasse de ganhos de produtividade, abono e vantagens de qualquer natureza para tais benefícios.

Art. 4º Nas sociedades de economia mista e empresas controladas direta ou indiretamente pela União, pelos Estados, pelo Distrito Federal e pelos Municípios, a proposta de instituição de plano de benefícios ou adesão a plano de benefícios em execução será submetida ao órgão fiscalizador, acompanhada de manifestação favorável do órgão responsável pela supervisão, pela coordenação e pelo controle do patrocinador.

Parágrafo único. As alterações no plano de benefícios que implique elevação da contribuição de patrocinadores serão objeto de prévia manifestação do órgão responsável pela supervisão, pela coordenação e pelo controle referido no *caput*.

Art. 5º É vedado à União, aos Estados, ao Distrito Federal e aos Municípios, suas autarquias, fundações, empresas públicas, sociedades de economia mista e outras entidades públicas o aporte de recursos a entidades de previdência privada de caráter complementar, salvo na condição de patrocinador.

Seção II
Do Custeio

Art. 6º O custeio dos planos de benefícios será responsabilidade do patrocinador e dos participantes, inclusive assistidos.

§ 1º A contribuição normal do patrocinador para plano de benefícios, em hipótese alguma, excederá a do participante, observado o disposto no art. 5º da Emenda Constitucional nº 20, de 15 de dezembro de 1998, e as regras específicas emanadas do órgão regulador e fiscalizador.

§ 2º Além das contribuições normais, os planos poderão prever o aporte de recursos pelos participantes, a título de contribuição facultativa, sem contrapartida do patrocinador.

§ 3º É vedado ao patrocinador assumir encargos adicionais para o financiamento dos planos de benefícios, além daqueles previstos nos respectivos planos de custeio.

Art. 7º A despesa administrativa da entidade de previdência complementar será custeada pelo patrocinador e pelos participantes e assistidos, atendendo a limites e critérios estabelecidos pelo órgão regulador e fiscalizador.

Parágrafo único. É facultada aos patrocinadores a cessão de pessoal às entidades de previdência complementar que patrocinam, desde que ressarcidos os custos correspondentes.

CAPÍTULO III
DAS ENTIDADES DE PREVIDÊNCIA COMPLEMENTAR
PATROCINADAS PELO PODER PÚBLICO E SUAS EMPRESAS

Seção I
Da Estrutura Organizacional

Art. 8º A administração e execução dos planos de benefícios compete às entidades fechadas de previdência complementar mencionadas no art. 1º desta Lei Complementar.

Parágrafo único. As entidades de que trata o *caput* organizar-se-ão sob a forma de fundação ou sociedade civil, sem fins lucrativos.

Art. 9º A estrutura organizacional das entidades de previdência complementar a que se refere esta Lei Complementar é constituída de conselho deliberativo, conselho fiscal e diretoria-executiva.

Seção II
Do Conselho Deliberativo e do Conselho Fiscal

Art. 10. O conselho deliberativo, órgão máximo da estrutura organizacional, é responsável pela definição da política geral de administração da entidade e de seus planos de benefícios.

Art. 11. A composição do conselho deliberativo, integrado por no máximo seis membros, será paritária entre representantes dos participantes e assistidos e dos patrocinadores, cabendo a estes a indicação do conselheiro presidente, que terá, além do seu, o voto de qualidade.

§ 1º A escolha dos representantes dos participantes e assistidos dar-se-á por meio de eleição direta entre seus pares.

§ 2º Caso o estatuto da entidade fechada, respeitado o número máximo de conselheiros de que trata o caput e a participação paritária entre representantes dos participantes e assistidos e dos patrocinadores, preveja outra composição, que tenha sido aprovada na forma prevista no seu estatuto, esta poderá ser aplicada, mediante autorização do órgão regulador e fiscalizador.

Art. 12. O mandato dos membros do conselho deliberativo será de quatro anos, com garantia de estabilidade, permitida uma recondução.

§ 1º O membro do conselho deliberativo somente perderá o mandato em virtude de renúncia, de condenação judicial transitada em julgado ou processo administrativo disciplinar.

§ 2º A instauração de processo administrativo disciplinar, para apuração de irregularidades no âmbito de atuação do conselho deliberativo da entidade fechada, poderá determinar o afastamento do conselheiro até sua conclusão.

§ 3º O afastamento de que trata o parágrafo anterior não implica prorrogação ou permanência no cargo além da data inicialmente prevista para o término do mandato.

§ 4º O estatuto da entidade deverá regulamentar os procedimentos de que tratam os parágrafos anteriores deste artigo.

Art. 13. Ao conselho deliberativo compete a definição das seguintes matérias:

I – política geral de administração da entidade e de seus planos de benefícios;

II – alteração de estatuto e regulamentos dos planos de benefícios, bem como a implantação e a extinção deles e a retirada de patrocinador;

III – gestão de investimentos e plano de aplicação de recursos;

IV – autorizar investimentos que envolvam valores iguais ou superiores a cinco por cento dos recursos garantidores;

V – contratação de auditor independente atuário e avaliador de gestão, observadas as disposições regulamentares aplicáveis;

VI – nomeação e exoneração dos membros da diretoria-executiva; e

VII – exame, em grau de recurso, das decisões da diretoria-executiva.
Parágrafo único. A definição das matérias previstas no inciso II deverá ser aprovada pelo patrocinador.
Art. 14. O conselho fiscal é órgão de controle interno da entidade.
Art. 15. A composição do conselho fiscal, integrado por no máximo quatro membros, será paritária entre representantes de patrocinadores e de participantes e assistidos, cabendo a estes a indicação do conselheiro presidente, que terá, além do seu, o voto de qualidade.
Parágrafo único. Caso o estatuto da entidade fechada, respeitado o número máximo de conselheiros de que trata o caput e a participação paritária entre representantes dos participantes e assistidos e dos patrocinadores, preveja outra composição, que tenha sido aprovada na forma prevista no seu estatuto, esta poderá ser aplicada, mediante autorização do órgão regulador e fiscalizador.
Art. 16. O mandato dos membros do conselho fiscal será de quatro anos, vedada a recondução.
Art. 17. A renovação dos mandatos dos conselheiros deverá obedecer ao critério de proporcionalidade, de forma que se processe parcialmente a cada dois anos.
§ 1º Na primeira investidura dos conselhos, após a publicação desta Lei Complementar, os seus membros terão mandato com prazo diferenciado.
§ 2º O conselho deliberativo deverá renovar três de seus membros a cada dois anos e o conselho fiscal dois membros com a mesma periodicidade, observada a regra de transição estabelecida no parágrafo anterior.
Art. 18. Aplicam-se aos membros dos conselhos deliberativo e fiscal os mesmos requisitos previstos nos incisos I a III do art. 20 desta Lei Complementar.

Seção III
Da Diretoria-Executiva

Art. 19. A diretoria-executiva é o órgão responsável pela administração da entidade, em conformidade com a política de administração traçada pelo conselho deliberativo.
§ 1º A diretoria-executiva será composta, no máximo, por seis membros, definidos em função do patrimônio da entidade e do seu número de participantes, inclusive assistidos.
§ 2º O estatuto da entidade fechada, respeitado o número máximo de diretores de que trata o parágrafo anterior, deverá prever a forma de composição e o mandato da diretoria-executiva, aprovado na forma prevista no seu estatuto, observadas as demais disposições desta Lei Complementar.
Art. 20. Os membros da diretoria-executiva deverão atender aos seguintes requisitos mínimos:
I – comprovada experiência no exercício de atividade na área financeira, administrativa, contábil, jurídica, de fiscalização, atuarial ou de auditoria;
II – não ter sofrido condenação criminal transitada em julgado;
III – não ter sofrido penalidade administrativa por infração da legislação da seguridade social, inclusive da previdência complementar ou como servidor público; e
IV – ter formação de nível superior.

Art. 21. Aos membros da diretoria-executiva é vedado:
I – exercer simultaneamente atividade no patrocinador;
II – integrar concomitantemente o conselho deliberativo ou fiscal da entidade e, mesmo depois do término do seu mandato na diretoria-executiva, enquanto não tiver suas contas aprovadas; e
III – ao longo do exercício do mandato prestar serviços a instituições integrantes do sistema financeiro.

Art. 22. A entidade de previdência complementar informará ao órgão regulador e fiscalizador o responsável pelas aplicações dos recursos da entidade, escolhido entre os membros da diretoria-executiva.

Parágrafo único. Os demais membros da diretoria-executiva responderão solidariamente com o dirigente indicado na forma do caput pelos danos e prejuízos causados à entidade para os quais tenham concorrido.

Art. 23. Nos doze meses seguintes ao término do exercício do cargo, o ex-diretor estará impedido de prestar, direta ou indiretamente, independentemente da forma ou natureza do contrato, qualquer tipo de serviço às empresas do sistema financeiro que impliquem a utilização das informações a que teve acesso em decorrência do cargo exercido, sob pena de responsabilidade civil e penal.

§ 1º Durante o impedimento, ao ex-diretor que não tiver sido destituído ou que pedir afastamento será assegurada a possibilidade de prestar serviço à entidade, mediante remuneração equivalente à do cargo de direção que exerceu ou em qualquer outro órgão da Administração Pública.

§ 2º Incorre na prática de advocacia administrativa, sujeitando-se às penas da lei, o ex-diretor que violar o impedimento previsto neste artigo, exceto se retornar ao exercício de cargo ou emprego que ocupava junto ao patrocinador, anteriormente à indicação para a respectiva diretoria-executiva, ou se for nomeado para exercício em qualquer órgão da Administração Pública.

CAPÍTULO IV
DA FISCALIZAÇÃO

Art. 24. A fiscalização e controle dos planos de benefícios e das entidades fechadas de previdência complementar de que trata esta Lei Complementar competem ao órgão regulador e fiscalizador das entidades fechadas de previdência complementar.

Art. 25. As ações exercidas pelo órgão referido no artigo anterior não eximem os patrocinadores da responsabilidade pela supervisão e fiscalização sistemática das atividades das suas respectivas entidades de previdência complementar.

Parágrafo único. Os resultados da fiscalização e do controle exercidos pelos patrocinadores serão encaminhados ao órgão mencionado no artigo anterior.

CAPÍTULO V
DISPOSIÇÕES GERAIS

Art. 26. As entidades fechadas de previdência complementar patrocinadas por empresas privadas permissionárias ou concessionárias de prestação de serviços públicos subordinam-se, no que couber, às disposições desta Lei Complementar, na forma estabelecida pelo órgão regulador e fiscalizador.

Art. 27. As entidades de previdência complementar patrocinadas por entidades públicas, inclusive empresas públicas e sociedades de economia mista, deverão rever, no prazo de dois anos, a contar de 16 de dezembro de 1998, seus planos de benefícios e serviços, de modo a ajustá-los atuarialmente a seus ativos, sob pena de intervenção, sendo seus dirigentes e seus respectivos patrocinadores responsáveis civil e criminalmente pelo descumprimento do disposto neste artigo.

Art. 28. A infração de qualquer disposição desta Lei Complementar ou de seu regulamento, para a qual não haja penalidade expressamente cominada, sujeita a pessoa física ou jurídica responsável, conforme o caso e a gravidade da infração, às penalidades administrativas previstas na Lei Complementar que disciplina o *caput* do art. 202 da Constituição Federal.

Art. 29. As entidades de previdência privada patrocinadas por empresas controladas, direta ou indiretamente, pela União, Estados, Distrito Federal e Municípios, que possuam planos de benefícios definidos com responsabilidade da patrocinadora, não poderão exercer o controle ou participar de acordo de acionistas que tenha por objeto formação de grupo de controle de sociedade anônima, sem prévia e expressa autorização da patrocinadora e do seu respectivo ente controlador.

Parágrafo único. O disposto no caput não se aplica às participações acionárias detidas na data de publicação desta Lei Complementar.

Art. 30. As entidades de previdência complementar terão o prazo de um ano para adaptar sua organização estatutária ao disposto nesta Lei Complementar, contados a partir da data de sua publicação.

Art. 31. Esta Lei Complementar entra em vigor na data de sua publicação.

Art. 32. Revoga-se a Lei nº 8.020, de 12 de abril de 1990.

Brasília, 29 de maio de 2001; 180º da Independência e 113º da República.

FERNANDO HENRIQUE CARDOSO
José Gregori
Pedro Malan
Roberto Brant

Lei Complementar nº 109, de 29 de maio de 2001

Dispõe sobre o Regime de Previdência Complementar e dá outras providências.

O PRESIDENTE DA REPÚBLICA Faço saber que o Congresso Nacional decreta e eu sanciono a seguinte Lei Complementar:

CAPÍTULO I
INTRODUÇÃO

Art. 1º O regime de previdência privada, de caráter complementar e organizado de forma autônoma em relação ao regime geral de previdência social, é facultativo, baseado na constituição de reservas que garantam o benefício, nos termos do caput do art. 202 da Constituição Federal, observado o disposto nesta Lei Complementar.

Art. 2º O regime de previdência complementar é operado por entidades de previdência complementar que têm por objetivo principal instituir e executar planos de benefícios de caráter previdenciário, na forma desta Lei Complementar.

Art. 3º A ação do Estado será exercida com o objetivo de:
I - formular a política de previdência complementar;
II - disciplinar, coordenar e supervisionar as atividades reguladas por esta Lei Complementar, compatibilizando-as com as políticas previdenciária e de desenvolvimento social e econômico-financeiro;
III - determinar padrões mínimos de segurança econômico-financeira e atuarial, com fins específicos de preservar a liquidez, a solvência e o equilíbrio dos planos de benefícios, isoladamente, e de cada entidade de previdência complementar, no conjunto de suas atividades;
IV - assegurar aos participantes e assistidos o pleno acesso às informações relativas à gestão de seus respectivos planos de benefícios;
V - fiscalizar as entidades de previdência complementar, suas operações e aplicar penalidades; e
VI - proteger os interesses dos participantes e assistidos dos planos de benefícios.

Art. 4º As entidades de previdência complementar são classificadas em fechadas e abertas, conforme definido nesta Lei Complementar.

Art. 5º A normatização, coordenação, supervisão, fiscalização e controle das atividades das entidades de previdência complementar serão realizados por órgão ou órgãos regulador e fiscalizador, conforme disposto em lei, observado o disposto no inciso VI do art. 84 da Constituição Federal.

CAPÍTULO II
DOS PLANOS DE BENEFÍCIOS

Seção I
Disposições Comuns

Art. 6º As entidades de previdência complementar somente poderão instituir e operar planos de benefícios para os quais tenham autorização específica, segundo as normas aprovadas pelo órgão regulador e fiscalizador, conforme disposto nesta Lei Complementar.

Art. 7º Os planos de benefícios atenderão a padrões mínimos fixados pelo órgão regulador e fiscalizador, com o objetivo de assegurar transparência, solvência, liquidez e equilíbrio econômico-financeiro e atuarial.

Parágrafo único. O órgão regulador e fiscalizador normatizará planos de benefícios nas modalidades de benefício definido, contribuição definida e contribuição variável, bem como outras formas de planos de benefícios que reflitam a evolução técnica e possibilitem flexibilidade ao regime de previdência complementar.

Art. 8º Para efeito desta Lei Complementar, considera-se:

I - participante, a pessoa física que aderir aos planos de benefícios; e

II - assistido, o participante ou seu beneficiário em gozo de benefício de prestação continuada.

Art. 9º As entidades de previdência complementar constituirão reservas técnicas, provisões e fundos, de conformidade com os critérios e normas fixados pelo órgão regulador e fiscalizador.

§ 1º A aplicação dos recursos correspondentes às reservas, às provisões e aos fundos de que trata o caput será feita conforme diretrizes estabelecidas pelo Conselho Monetário Nacional.

§ 2º É vedado o estabelecimento de aplicações compulsórias ou limites mínimos de aplicação.

Art. 10. Deverão constar dos regulamentos dos planos de benefícios, das propostas de inscrição e dos certificados de participantes condições mínimas a serem fixadas pelo órgão regulador e fiscalizador.

§ 1º A todo pretendente será disponibilizado e a todo participante entregue, quando de sua inscrição no plano de benefícios:

I - certificado onde estarão indicados os requisitos que regulam a admissão e a manutenção da qualidade de participante, bem como os requisitos de elegibilidade e forma de cálculo dos benefícios;

II - cópia do regulamento atualizado do plano de benefícios e material explicativo que descreva, em linguagem simples e precisa, as características do plano;

III - cópia do contrato, no caso de plano coletivo de que trata o inciso II do art. 26 desta Lei Complementar; e

IV - outros documentos que vierem a ser especificados pelo órgão regulador e fiscalizador.

§ 2º Na divulgação dos planos de benefícios, não poderão ser incluídas informações diferentes das que figurem nos documentos referidos neste artigo.

Art. 11. Para assegurar compromissos assumidos junto aos participantes e assistidos de planos de benefícios, as entidades de previdência complementar poderão contratar operações de resseguro, por iniciativa própria ou por determinação do órgão regulador e fiscalizador, observados o regulamento do respectivo plano e demais disposições legais e regulamentares.
Parágrafo único. Fica facultada às entidades fechadas a garantia referida no caput por meio de fundo de solvência, a ser instituído na forma da lei.

Seção II
Dos Planos de Benefícios de Entidades Fechadas

Art. 12. Os planos de benefícios de entidades fechadas poderão ser instituídos por patrocinadores e instituidores, observado o disposto no art. 31 desta Lei Complementar.

Art. 13. A formalização da condição de patrocinador ou instituidor de um plano de benefício dar-se-á mediante convênio de adesão a ser celebrado entre o patrocinador ou instituidor e a entidade fechada, em relação a cada plano de benefícios por esta administrado e executado, mediante prévia autorização do órgão regulador e fiscalizador, conforme regulamentação do Poder Executivo.

§ 1º Admitir-se-á solidariedade entre patrocinadores ou entre instituidores, com relação aos respectivos planos, desde que expressamente prevista no convênio de adesão.

§ 2º O órgão regulador e fiscalizador, dentre outros requisitos, estabelecerá o número mínimo de participantes admitido para cada modalidade de plano de benefício.

Art. 14. Os planos de benefícios deverão prever os seguintes institutos, observadas as normas estabelecidas pelo órgão regulador e fiscalizador:
I - benefício proporcional diferido, em razão da cessação do vínculo empregatício com o patrocinador ou associativo com o instituidor antes da aquisição do direito ao benefício pleno, a ser concedido quando cumpridos os requisitos de elegibilidade;
II - portabilidade do direito acumulado pelo participante para outro plano;
III - resgate da totalidade das contribuições vertidas ao plano pelo participante, descontadas as parcelas do custeio administrativo, na forma regulamentada; e
IV - faculdade de o participante manter o valor de sua contribuição e a do patrocinador, no caso de perda parcial ou total da remuneração recebida, para assegurar a percepção dos benefícios nos níveis correspondentes àquela remuneração ou em outros definidos em normas regulamentares.

§ 1º Não será admitida a portabilidade na inexistência de cessação do vínculo empregatício do participante com o patrocinador.

§ 2º O órgão regulador e fiscalizador estabelecerá período de carência para o instituto de que trata o inciso II deste artigo.

§ 3º Na regulamentação do instituto previsto no inciso II do caput deste artigo, o órgão regulador e fiscalizador observará, entre outros requisitos específicos, os seguintes:
I - se o plano de benefícios foi instituído antes ou depois da publicação desta Lei Complementar;

II - a modalidade do plano de benefícios.

§ 4º O instituto de que trata o inciso II deste artigo, quando efetuado para entidade aberta, somente será admitido quando a integralidade dos recursos financeiros correspondentes ao direito acumulado do participante for utilizada para a contratação de renda mensal vitalícia ou por prazo determinado, cujo prazo mínimo não poderá ser inferior ao período em que a respectiva reserva foi constituída, limitado ao mínimo de quinze anos, observadas as normas estabelecidas pelo órgão regulador e fiscalizador.

Art. 15. Para efeito do disposto no inciso II do caput do artigo anterior, fica estabelecido que:

I - a portabilidade não caracteriza resgate; e

II - é vedado que os recursos financeiros correspondentes transitem pelos participantes dos planos de benefícios, sob qualquer forma.

Parágrafo único. O direito acumulado corresponde às reservas constituídas pelo participante ou à reserva matemática, o que lhe for mais favorável.

Art. 16. Os planos de benefícios devem ser, obrigatoriamente, oferecidos a todos os empregados dos patrocinadores ou associados dos instituidores.

§ 1º Para os efeitos desta Lei Complementar, são equiparáveis aos empregados e associados a que se refere o caput os gerentes, diretores, conselheiros ocupantes de cargo eletivo e outros dirigentes de patrocinadores e instituidores.

§ 2º É facultativa a adesão aos planos a que se refere o caput deste artigo.

§ 3º O disposto no caput deste artigo não se aplica aos planos em extinção, assim considerados aqueles aos quais o acesso de novos participantes esteja vedado.

Art. 17. As alterações processadas nos regulamentos dos planos aplicam-se a todos os participantes das entidades fechadas, a partir de sua aprovação pelo órgão regulador e fiscalizador, observado o direito acumulado de cada participante.

Parágrafo único. Ao participante que tenha cumprido os requisitos para obtenção dos benefícios previstos no plano é assegurada a aplicação das disposições regulamentares vigentes na data em que se tornou elegível a um benefício de aposentadoria.

Art. 18. O plano de custeio, com periodicidade mínima anual, estabelecerá o nível de contribuição necessário à constituição das reservas garantidoras de benefícios, fundos, provisões e à cobertura das demais despesas, em conformidade com os critérios fixados pelo órgão regulador e fiscalizador.

§ 1º O regime financeiro de capitalização é obrigatório para os benefícios de pagamento em prestações que sejam programadas e continuadas.

§ 2º Observados critérios que preservem o equilíbrio financeiro e atuarial, o cálculo das reservas técnicas atenderá às peculiaridades de cada plano de benefícios e deverá estar expresso em nota técnica atuarial, de apresentação obrigatória, incluindo as hipóteses utilizadas, que deverão guardar relação com as características da massa e da atividade desenvolvida pelo patrocinador ou instituidor.

§ 3º As reservas técnicas, provisões e fundos de cada plano de benefícios e os exigíveis a qualquer título deverão atender permanentemente à cobertura integral dos compromissos assumidos pelo plano de benefícios, ressalvadas excepcionalidades definidas pelo órgão regulador e fiscalizador.

Art. 19. As contribuições destinadas à constituição de reservas terão como finalidade prover o pagamento de benefícios de caráter previdenciário, observadas as especificidades previstas nesta Lei Complementar.

Parágrafo único. As contribuições referidas no caput classificam-se em:

I - normais, aquelas destinadas ao custeio dos benefícios previstos no respectivo plano; e

II - extraordinárias, aquelas destinadas ao custeio de déficits, serviço passado e outras finalidades não incluídas na contribuição normal.

Art. 20. O resultado superavitário dos planos de benefícios das entidades fechadas, ao final do exercício, satisfeitas as exigências regulamentares relativas aos mencionados planos, será destinado à constituição de reserva de contingência, para garantia de benefícios, até o limite de vinte e cinco por cento do valor das reservas matemáticas.

§ 1º Constituída a reserva de contingência, com os valores excedentes será constituída reserva especial para revisão do plano de benefícios.

§ 2º A não utilização da reserva especial por três exercícios consecutivos determinará a revisão obrigatória do plano de benefícios da entidade.

§ 3º Se a revisão do plano de benefícios implicar redução de contribuições, deverá ser levada em consideração a proporção existente entre as contribuições dos patrocinadores e dos participantes, inclusive dos assistidos.

Art. 21. O resultado deficitário nos planos ou nas entidades fechadas será equacionado por patrocinadores, participantes e assistidos, na proporção existente entre as suas contribuições, sem prejuízo de ação regressiva contra dirigentes ou terceiros que deram causa a dano ou prejuízo à entidade de previdência complementar.

§ 1º O equacionamento referido no caput poderá ser feito, dentre outras formas, por meio do aumento do valor das contribuições, instituição de contribuição adicional ou redução do valor dos benefícios a conceder, observadas as normas estabelecidas pelo órgão regulador e fiscalizador.

§ 2º A redução dos valores dos benefícios não se aplica aos assistidos, sendo cabível, nesse caso, a instituição de contribuição adicional para cobertura do acréscimo ocorrido em razão da revisão do plano.

§ 3º Na hipótese de retorno à entidade dos recursos equivalentes ao déficit previsto no *caput* deste artigo, em conseqüência de apuração de responsabilidade mediante ação judicial ou administrativa, os respectivos valores deverão ser aplicados necessariamente na redução proporcional das contribuições devidas ao plano ou em melhoria dos benefícios.

Art. 22. Ao final de cada exercício, coincidente com o ano civil, as entidades fechadas deverão levantar as demonstrações contábeis e as avaliações atuariais de cada plano de benefícios, por pessoa jurídica ou profissional legalmente habilitado, devendo os resultados ser encaminhados ao órgão regulador e fiscalizador e divulgados aos participantes e aos assistidos.

Art. 23. As entidades fechadas deverão manter atualizada sua contabilidade, de acordo com as instruções do órgão regulador e fiscalizador, consolidando a posição dos planos de benefícios que administram e executam, bem como submetendo suas contas a auditores independentes.

Parágrafo único. Ao final de cada exercício serão elaboradas as demonstrações contábeis e atuariais consolidadas, sem prejuízo dos controles por plano de benefícios.

Art. 24. A divulgação aos participantes, inclusive aos assistidos, das informações pertinentes aos planos de benefícios dar-se-á ao menos uma vez ao ano, na forma, nos prazos e pelos meios estabelecidos pelo órgão regulador e fiscalizador.

Parágrafo único. As informações requeridas formalmente pelo participante ou assistido, para defesa de direitos e esclarecimento de situações de interesse pessoal específico deverão ser atendidas pela entidade no prazo estabelecido pelo órgão regulador e fiscalizador.

Art. 25. O órgão regulador e fiscalizador poderá autorizar a extinção de plano de benefícios ou a retirada de patrocínio, ficando os patrocinadores e instituidores obrigados ao cumprimento da totalidade dos compromissos assumidos com a entidade relativamente aos direitos dos participantes, assistidos e obrigações legais, até a data da retirada ou extinção do plano.

Parágrafo único. Para atendimento do disposto no caput deste artigo, a situação de solvência econômico-financeira e atuarial da entidade deverá ser atestada por profissional devidamente habilitado, cujos relatórios serão encaminhados ao órgão regulador e fiscalizador.

Seção III
Dos Planos de Benefícios de Entidades Abertas

Art. 26. Os planos de benefícios instituídos por entidades abertas poderão ser:

I - individuais, quando acessíveis a quaisquer pessoas físicas; ou

II - coletivos, quando tenham por objetivo garantir benefícios previdenciários a pessoas físicas vinculadas, direta ou indiretamente, a uma pessoa jurídica contratante.

§ 1º O plano coletivo poderá ser contratado por uma ou várias pessoas jurídicas.

§ 2º O vínculo indireto de que trata o inciso II deste artigo refere-se aos casos em que uma entidade representativa de pessoas jurídicas contrate plano previdenciário coletivo para grupos de pessoas físicas vinculadas a suas filiadas.

§ 3º Os grupos de pessoas de que trata o parágrafo anterior poderão ser constituídos por uma ou mais categorias específicas de empregados de um mesmo empregador, podendo abranger empresas coligadas, controladas ou subsidiárias, e por membros de associações legalmente constituídas, de caráter profissional ou classista, e seus cônjuges ou companheiros e dependentes econômicos.

§ 4º Para efeito do disposto no parágrafo anterior, são equiparáveis aos empregados e associados os diretores, conselheiros ocupantes de cargos eletivos e outros dirigentes ou gerentes da pessoa jurídica contratante.

§ 5º A implantação de um plano coletivo será celebrada mediante contrato, na forma, nos critérios, nas condições e nos requisitos mínimos a serem estabelecidos pelo órgão regulador.

§ 6º É vedada à entidade aberta a contratação de plano coletivo com pessoa jurídica cujo objetivo principal seja estipular, em nome de terceiros, planos de benefícios coletivos.

Art. 27. Observados os conceitos, a forma, as condições e os critérios fixados pelo órgão regulador, é assegurado aos participantes o direito à portabilidade, inclusive para plano de benefício de entidade fechada, e ao resgate de recursos das reservas técnicas, provisões e fundos, total ou parcialmente.

§ 1º A portabilidade não caracteriza resgate.

§ 2º É vedado, no caso de portabilidade:

I - que os recursos financeiros transitem pelos participantes, sob qualquer forma; e

II - a transferência de recursos entre participantes.

Art. 28. Os ativos garantidores das reservas técnicas, das provisões e dos fundos serão vinculados à ordem do órgão fiscalizador, na forma a ser regulamentada, e poderão ter sua livre movimentação suspensa pelo referido órgão, a partir da qual não poderão ser alienados ou prometidos alienar sem sua prévia e expressa autorização, sendo nulas, de pleno direito, quaisquer operações realizadas com violação daquela suspensão.

§ 1º Sendo imóvel, o vínculo será averbado à margem do respectivo registro no Cartório de Registro Geral de Imóveis competente, mediante comunicação do órgão fiscalizador.

§ 2º Os ativos garantidores a que se refere o caput, bem como os direitos deles decorrentes, não poderão ser gravados, sob qualquer forma, sem prévia e expressa autorização do órgão fiscalizador, sendo nulos os gravames constituídos com infringência do disposto neste parágrafo.

Art. 29. Compete ao órgão regulador, entre outras atribuições que lhe forem conferidas por lei:

I - fixar padrões adequados de segurança atuarial e econômico-financeira, para preservação da liquidez e solvência dos planos de benefícios, isoladamente, e de cada entidade aberta, no conjunto de suas atividades;

II - estabelecer as condições em que o órgão fiscalizador pode determinar a suspensão da comercialização ou transferência, entre entidades abertas, de planos de benefícios; e

III - fixar condições que assegurem transparência, acesso a informações e fornecimento de dados relativos aos planos de benefícios, inclusive quanto à gestão dos respectivos recursos.

Art. 30. É facultativa a utilização de corretores na venda dos planos de benefícios das entidades abertas.

Parágrafo único. Aos corretores de planos de benefícios aplicam-se a legislação e a regulamentação da profissão de corretor de seguros.

CAPÍTULO III
DAS ENTIDADES FECHADAS DE PREVIDÊNCIA COMPLEMENTAR

Art. 31. As entidades fechadas são aquelas acessíveis, na forma regulamentada pelo órgão regulador e fiscalizador, exclusivamente:

I - aos empregados de uma empresa ou grupo de empresas e aos servidores da União, dos Estados, do Distrito Federal e dos Municípios, entes denominados patrocinadores; e

II - aos associados ou membros de pessoas jurídicas de caráter profissional, classista ou setorial, denominadas instituidores.

§ 1º As entidades fechadas organizar-se-ão sob a forma de fundação ou sociedade civil, sem fins lucrativos.

§ 2º As entidades fechadas constituídas por instituidores referidos no inciso II do caput deste artigo deverão, cumulativamente:

I - terceirizar a gestão dos recursos garantidores das reservas técnicas e provisões mediante a contratação de instituição especializada autorizada a funcionar pelo Banco Central do Brasil ou outro órgão competente;

II - ofertar exclusivamente planos de benefícios na modalidade contribuição definida, na forma do parágrafo único do art. 7º desta Lei Complementar.

§ 3º Os responsáveis pela gestão dos recursos de que trata o inciso I do parágrafo anterior deverão manter segregados e totalmente isolados o seu patrimônio dos patrimônios do instituidor e da entidade fechada.

§ 4º Na regulamentação de que trata o caput, o órgão regulador e fiscalizador estabelecerá o tempo mínimo de existência do instituidor e o seu número mínimo de associados.

Art. 32. As entidades fechadas têm como objeto a administração e execução de planos de benefícios de natureza previdenciária.

Parágrafo único. É vedada às entidades fechadas a prestação de quaisquer serviços que não estejam no âmbito de seu objeto, observado o disposto no art. 76.

Art. 33. Dependerão de prévia e expressa autorização do órgão regulador e fiscalizador:

I - a constituição e o funcionamento da entidade fechada, bem como a aplicação dos respectivos estatutos, dos regulamentos dos planos de benefícios e suas alterações;

II - as operações de fusão, cisão, incorporação ou qualquer outra forma de reorganização societária, relativas às entidades fechadas;

III - as retiradas de patrocinadores; e

IV - as transferências de patrocínio, de grupo de participantes, de planos e de reservas entre entidades fechadas.

§ 1º Excetuado o disposto no inciso III deste artigo, é vedada a transferência para terceiros de participantes, de assistidos e de reservas constituídas para garantia de benefícios de risco atuarial programado, de acordo com normas estabelecidas pelo órgão regulador e fiscalizador.

§ 2º Para os assistidos de planos de benefícios na modalidade contribuição definida que mantiveram esta característica durante a fase de percepção de renda programada, o órgão regulador e fiscalizador poderá, em caráter excepcional, autorizar a transferência dos recursos garantidores dos benefícios para entidade de previdência complementar ou companhia seguradora autorizada a operar planos de previdência complementar, com o objetivo específico de contratar plano de renda vitalícia, observadas as normas aplicáveis.

Art. 34. As entidades fechadas podem ser qualificadas da seguinte forma, além de outras que possam ser definidas pelo órgão regulador e fiscalizador:

I - de acordo com os planos que administram:

a) de plano comum, quando administram plano ou conjunto de planos acessíveis ao universo de participantes; e

b) com multiplano, quando administram plano ou conjunto de planos de benefícios para diversos grupos de participantes, com independência patrimonial;

II - de acordo com seus patrocinadores ou instituidores:

a) singulares, quando estiverem vinculadas a apenas um patrocinador ou instituidor; e

b) multipatrocinadas, quando congregarem mais de um patrocinador ou instituidor.

Art. 35. As entidades fechadas deverão manter estrutura mínima composta por conselho deliberativo, conselho fiscal e diretoria-executiva.

§ 1º O estatuto deverá prever representação dos participantes e assistidos nos conselhos deliberativo e fiscal, assegurado a eles no mínimo um terço das vagas.

§ 2º Na composição dos conselhos deliberativo e fiscal das entidades qualificadas como multipatrocinadas, deverá ser considerado o número de participantes vinculados a cada patrocinador ou instituidor, bem como o montante dos respectivos patrimônios.

§ 3º Os membros do conselho deliberativo ou do conselho fiscal deverão atender aos seguintes requisitos mínimos:

I - comprovada experiência no exercício de atividades nas áreas financeira, administrativa, contábil, jurídica, de fiscalização ou de auditoria;

II - não ter sofrido condenação criminal transitada em julgado; e

III - não ter sofrido penalidade administrativa por infração da legislação da seguridade social ou como servidor público.

§ 4º Os membros da diretoria-executiva deverão ter formação de nível superior e atender aos requisitos do parágrafo anterior.

§ 5º Será informado ao órgão regulador e fiscalizador o responsável pelas aplicações dos recursos da entidade, escolhido entre os membros da diretoria-executiva.

§ 6º Os demais membros da diretoria-executiva responderão solidariamente com o dirigente indicado na forma do parágrafo anterior pelos danos e prejuízos causados à entidade para os quais tenham concorrido.

§ 7º Sem prejuízo do disposto no § 1º do art. 31 desta Lei Complementar, os membros da diretoria-executiva e dos conselhos deliberativo e fiscal poderão ser remunerados pelas entidades fechadas, de acordo com a legislação aplicável.

§ 8º Em caráter excepcional, poderão ser ocupados até trinta por cento dos cargos da diretoria-executiva por membros sem formação de nível superior, sendo assegurada a possibilidade de participação neste órgão de pelo menos um membro, quando da aplicação do referido percentual resultar número inferior à unidade.

CAPÍTULO IV
DAS ENTIDADES ABERTAS DE PREVIDÊNCIA COMPLEMENTAR

Art. 36. As entidades abertas são constituídas unicamente sob a forma de sociedades anônimas e têm por objetivo instituir e operar planos de benefícios de caráter previdenciário concedidos em forma de renda continuada ou pagamento único, acessíveis a quaisquer pessoas físicas.

Parágrafo único. As sociedades seguradoras autorizadas a operar exclusivamente no ramo vida poderão ser autorizadas a operar os planos de benefícios a que se refere o caput, a elas se aplicando as disposições desta Lei Complementar.

Art. 37. Compete ao órgão regulador, entre outras atribuições que lhe forem conferidas por lei, estabelecer:

I - os critérios para a investidura e posse em cargos e funções de órgãos estatutários de entidades abertas, observado que o pretendente não poderá ter sofrido condenação criminal transitada em julgado, penalidade administrativa por infração da legislação da seguridade social ou como servidor público;

II - as normas gerais de contabilidade, auditoria, atuária e estatística a serem observadas pelas entidades abertas, inclusive quanto à padronização dos planos de contas, balanços gerais, balancetes e outras demonstrações financeiras, critérios sobre sua periodicidade, sobre a publicação desses documentos e sua remessa ao órgão fiscalizador;

III - os índices de solvência e liquidez, bem como as relações patrimoniais a serem atendidas pelas entidades abertas, observado que seu patrimônio líquido não poderá ser inferior ao respectivo passivo não operacional; e

IV - as condições que assegurem acesso a informações e fornecimento de dados relativos a quaisquer aspectos das atividades das entidades abertas.

Art. 38. Dependerão de prévia e expressa aprovação do órgão fiscalizador:

I - a constituição e o funcionamento das entidades abertas, bem como as disposições de seus estatutos e as respectivas alterações;

II - a comercialização dos planos de benefícios;

III - os atos relativos à eleição e conseqüente posse de administradores e membros de conselhos estatutários; e

IV - as operações relativas à transferência do controle acionário, fusão, cisão, incorporação ou qualquer outra forma de reorganização societária.

Parágrafo único. O órgão regulador disciplinará o tratamento administrativo a ser emprestado ao exame dos assuntos constantes deste artigo.

Art. 39. As entidades abertas deverão comunicar ao órgão fiscalizador, no prazo e na forma estabelecidos:

I - os atos relativos às alterações estatutárias e à eleição de administradores e membros de conselhos estatutários; e

II - o responsável pela aplicação dos recursos das reservas técnicas, provisões e fundos, escolhido dentre os membros da diretoria-executiva.

Parágrafo único. Os demais membros da diretoria-executiva responderão solidariamente com o dirigente indicado na forma do inciso II deste artigo pelos danos e prejuízos causados à entidade para os quais tenham concorrido.

Art. 40. As entidades abertas deverão levantar no último dia útil de cada mês e semestre, respectivamente, balancetes mensais e balanços gerais, com observância das regras e dos critérios estabelecidos pelo órgão regulador.

Parágrafo único. As sociedades seguradoras autorizadas a operar planos de benefícios deverão apresentar nas demonstrações financeiras, de forma discriminada, as atividades previdenciárias e as de seguros, de acordo com critérios fixados pelo órgão regulador.

CAPÍTULO V
DA FISCALIZAÇÃO

Art. 41. No desempenho das atividades de fiscalização das entidades de previdência complementar, os servidores do órgão regulador e fiscalizador terão livre acesso às respectivas entidades, delas podendo requisitar e apreender livros, notas técnicas e quaisquer documentos, caracterizando-se embaraço à fiscalização, sujeito às penalidades previstas em lei, qualquer dificuldade oposta à consecução desse objetivo.

§ 1º O órgão regulador e fiscalizador das entidades fechadas poderá solicitar dos patrocinadores e instituidores informações relativas aos aspectos específicos que digam respeito aos compromissos assumidos frente aos respectivos planos de benefícios.

§ 2º A fiscalização a cargo do Estado não exime os patrocinadores e os instituidores da responsabilidade pela supervisão sistemática das atividades das suas respectivas entidades fechadas.

§ 3º As pessoas físicas ou jurídicas submetidas ao regime desta Lei Complementar ficam obrigadas a prestar quaisquer informações ou esclarecimentos solicitados pelo órgão regulador e fiscalizador.

§ 4º O disposto neste artigo aplica-se, sem prejuízo da competência das autoridades fiscais, relativamente ao pleno exercício das atividades de fiscalização tributária.

Art. 42. O órgão regulador e fiscalizador poderá, em relação às entidades fechadas, nomear administrador especial, a expensas da entidade, com poderes próprios de intervenção e de liquidação extrajudicial, com o objetivo de sanear plano de benefícios específico, caso seja constatada na sua administração e execução alguma das hipóteses previstas nos arts. 44 e 48 desta Lei Complementar.

Parágrafo único. O ato de nomeação de que trata o caput estabelecerá as condições, os limites e as atribuições do administrador especial.

Art. 43. O órgão fiscalizador poderá, em relação às entidades abertas, desde que se verifique uma das condições previstas no art. 44 desta Lei Complementar, nomear, por prazo determinado, prorrogável a seu critério, e a expensas da respectiva entidade, um diretor-fiscal.

§ 1º O diretor-fiscal, sem poderes de gestão, terá suas atribuições estabelecidas pelo órgão regulador, cabendo ao órgão fiscalizador fixar sua remuneração.

§ 2º Se reconhecer a inviabilidade de recuperação da entidade aberta ou a ausência de qualquer condição para o seu funcionamento, o diretor-fiscal proporá ao órgão fiscalizador a decretação da intervenção ou da liquidação extrajudicial.

§ 3º O diretor-fiscal não está sujeito à indisponibilidade de bens, nem aos demais efeitos decorrentes da decretação da intervenção ou da liquidação extrajudicial da entidade aberta.

CAPÍTULO VI
DA INTERVENÇÃO E DA LIQUIDAÇÃO EXTRAJUDICIAL

Seção I
Da Intervenção

Art. 44. Para resguardar os direitos dos participantes e assistidos poderá ser decretada a intervenção na entidade de previdência complementar, desde que se verifique, isolada ou cumulativamente:

I - irregularidade ou insuficiência na constituição das reservas técnicas, provisões e fundos, ou na sua cobertura por ativos garantidores;

II - aplicação dos recursos das reservas técnicas, provisões e fundos de forma inadequada ou em desacordo com as normas expedidas pelos órgãos competentes;

III - descumprimento de disposições estatutárias ou de obrigações previstas nos regulamentos dos planos de benefícios, convênios de adesão ou contratos dos planos coletivos de que trata o inciso II do art. 26 desta Lei Complementar;

IV - situação econômico-financeira insuficiente à preservação da liquidez e solvência de cada um dos planos de benefícios e da entidade no conjunto de suas atividades;

V - situação atuarial desequilibrada;

VI - outras anormalidades definidas em regulamento.

Art. 45. A intervenção será decretada pelo prazo necessário ao exame da situação da entidade e encaminhamento de plano destinado à sua recuperação.

Parágrafo único. Dependerão de prévia e expressa autorização do órgão competente os atos do interventor que impliquem oneração ou disposição do patrimônio.

Art. 46. A intervenção cessará quando aprovado o plano de recuperação da entidade pelo órgão competente ou se decretada a sua liquidação extrajudicial.

Seção II
Da Liquidação Extrajudicial

Art. 47. As entidades fechadas não poderão solicitar concordata e não estão sujeitas a falência, mas somente a liquidação extrajudicial.

Art. 48. A liquidação extrajudicial será decretada quando reconhecida a inviabilidade de recuperação da entidade de previdência complementar ou pela ausência de condição para seu funcionamento.

Parágrafo único. Para os efeitos desta Lei Complementar, entende-se por ausência de condição para funcionamento de entidade de previdência complementar:

I - (VETADO)

II - (VETADO)

III - o não atendimento às condições mínimas estabelecidas pelo órgão regulador e fiscalizador.

Art. 49. A decretação da liquidação extrajudicial produzirá, de imediato, os seguintes efeitos:
I - suspensão das ações e execuções iniciadas sobre direitos e interesses relativos ao acervo da entidade liquidanda;
II - vencimento antecipado das obrigações da liquidanda;
III - não incidência de penalidades contratuais contra a entidade por obrigações vencidas em decorrência da decretação da liquidação extrajudicial;
IV - não fluência de juros contra a liquidanda enquanto não integralmente pago o passivo;
V - interrupção da prescrição em relação às obrigações da entidade em liquidação;
VI - suspensão de multa e juros em relação às dívidas da entidade;
VII - inexigibilidade de penas pecuniárias por infrações de natureza administrativa;
VIII - interrupção do pagamento à liquidanda das contribuições dos participantes e dos patrocinadores, relativas aos planos de benefícios.

§ 1º As faculdades previstas nos incisos deste artigo aplicam-se, no caso das entidades abertas de previdência complementar, exclusivamente, em relação às suas atividades de natureza previdenciária.

§ 2º O disposto neste artigo não se aplica às ações e aos débitos de natureza tributária.

Art. 50. O liquidante organizará o quadro geral de credores, realizará o ativo e liquidará o passivo.

§ 1º Os participantes, inclusive os assistidos, dos planos de benefícios ficam dispensados de se habilitarem a seus respectivos créditos, estejam estes sendo recebidos ou não.

§ 2º Os participantes, inclusive os assistidos, dos planos de benefícios terão privilégio especial sobre os ativos garantidores das reservas técnicas e, caso estes não sejam suficientes para a cobertura dos direitos respectivos, privilégio geral sobre as demais partes não vinculadas ao ativo.

§ 3º Os participantes que já estiverem recebendo benefícios, ou que já tiverem adquirido este direito antes de decretada a liquidação extrajudicial, terão preferência sobre os demais participantes.

§ 4º Os créditos referidos nos parágrafos anteriores deste artigo não têm preferência sobre os créditos de natureza trabalhista ou tributária.

Art. 51. Serão obrigatoriamente levantados, na data da decretação da liquidação extrajudicial de entidade de previdência complementar, o balanço geral de liquidação e as demonstrações contábeis e atuariais necessárias à determinação do valor das reservas individuais.

Art. 52. A liquidação extrajudicial poderá, a qualquer tempo, ser levantada, desde que constatados fatos supervenientes que viabilizem a recuperação da entidade de previdência complementar.

Art. 53. A liquidação extrajudicial das entidades fechadas encerrar-se-á com a aprovação, pelo órgão regulador e fiscalizador, das contas finais do liquidante e com a baixa nos devidos registros.

Parágrafo único. Comprovada pelo liquidante a inexistência de ativos para satisfazer a possíveis créditos reclamados contra a entidade, deverá tal situação ser comunicada ao juízo competente e efetivados os devidos registros, para o encerramento do processo de liquidação.

Seção III
Disposições Especiais

Art. 54. O interventor terá amplos poderes de administração e representação e o liquidante plenos poderes de administração, representação e liquidação.

Art. 55. Compete ao órgão fiscalizador decretar, aprovar e rever os atos de que tratam os arts. 45, 46 e 48 desta Lei Complementar, bem como nomear, por intermédio do seu dirigente máximo, o interventor ou o liquidante.

Art. 56. A intervenção e a liquidação extrajudicial determinam a perda do mandato dos administradores e membros dos conselhos estatutários das entidades, sejam titulares ou suplentes.

Art. 57. Os créditos das entidades de previdência complementar, em caso de liquidação ou falência de patrocinadores, terão privilégio especial sobre a massa, respeitado o privilégio dos créditos trabalhistas e tributários.

Parágrafo único. Os administradores dos respectivos patrocinadores serão responsabilizados pelos danos ou prejuízos causados às entidades de previdência complementar, especialmente pela falta de aporte das contribuições a que estavam obrigados, observado o disposto no parágrafo único do art. 63 desta Lei Complementar.

Art. 58. No caso de liquidação extrajudicial de entidade fechada motivada pela falta de aporte de contribuições de patrocinadores ou pelo não recolhimento de contribuições de participantes, os administradores daqueles também serão responsabilizados pelos danos ou prejuízos causados.

Art. 59. Os administradores, controladores e membros de conselhos estatutários das entidades de previdência complementar sob intervenção ou em liquidação extrajudicial ficarão com todos os seus bens indisponíveis, não podendo, por qualquer forma, direta ou indireta, aliená-los ou onerá-los, até a apuração e liquidação final de suas responsabilidaDesembargador

§ 1º A indisponibilidade prevista neste artigo decorre do ato que decretar a intervenção ou liquidação extrajudicial e atinge todos aqueles que tenham estado no exercício das funções nos doze meses anteriores.

§ 2º A indisponibilidade poderá ser estendida aos bens de pessoas que, nos últimos doze meses, os tenham adquirido, a qualquer título, das pessoas referidas no caput e no parágrafo anterior, desde que haja seguros elementos de convicção de que se trata de simulada transferência com o fim de evitar os efeitos desta Lei Complementar.

§ 3º Não se incluem nas disposições deste artigo os bens considerados inalienáveis ou impenhoráveis pela legislação em vigor.

§ 4º Não são também atingidos pela indisponibilidade os bens objeto de contrato de alienação, de promessas de compra e venda e de cessão de direitos, desde que os respectivos instrumentos tenham sido levados ao competente registro público até doze meses antes da data de decretação da intervenção ou liquidação extrajudicial.

§ 5º Não se aplica a indisponibilidade de bens das pessoas referidas no caput deste artigo no caso de liquidação extrajudicial de entidades fechadas que deixarem de ter condições para funcionar por motivos totalmente desvinculados do exercício das suas atribuições, situação esta que poderá ser revista a qualquer momento, pelo órgão regulador e fiscalizador, desde que constatada a existência de irregularidades ou indícios de crimes por elas praticados.

Art. 60. O interventor ou o liquidante comunicará a indisponibilidade de bens aos órgãos competentes para os devidos registros e publicará edital para conhecimento de terceiros.

Parágrafo único. A autoridade que receber a comunicação ficará, relativamente a esses bens, impedida de:

I - fazer transcrições, inscrições ou averbações de documentos públicos ou particulares;

II - arquivar atos ou contratos que importem em transferência de cotas sociais, ações ou partes beneficiárias;

III - realizar ou registrar operações e títulos de qualquer natureza; e

IV - processar a transferência de propriedade de veículos automotores, aeronaves e embarcações.

Art. 61. A apuração de responsabilidades específicas referida no caput do art. 59 desta Lei Complementar será feita mediante inquérito a ser instaurado pelo órgão regulador e fiscalizador, sem prejuízo do disposto nos arts. 63 a 65 desta Lei Complementar.

§ 1º Se o inquérito concluir pela inexistência de prejuízo, será arquivado no órgão fiscalizador.

§ 2º Concluindo o inquérito pela existência de prejuízo, será ele, com o respectivo relatório, remetido pelo órgão regulador e fiscalizador ao Ministério Público, observados os seguintes procedimentos:

I - o interventor ou o liquidante, de ofício ou a requerimento de qualquer interessado que não tenha sido indiciado no inquérito, após aprovação do respectivo relatório pelo órgão fiscalizador, determinará o levantamento da indisponibilidade de que trata o art. 59 desta Lei Complementar;

II - será mantida a indisponibilidade com relação às pessoas indiciadas no inquérito, após aprovação do respectivo relatório pelo órgão fiscalizador.

Art. 62. Aplicam-se à intervenção e à liquidação das entidades de previdência complementar, no que couber, os dispositivos da legislação sobre a intervenção e liquidação extrajudicial das instituições financeiras, cabendo ao órgão regulador e fiscalizador as funções atribuídas ao Banco Central do Brasil.

CAPÍTULO VII
DO REGIME DISCIPLINAR

Art. 63. Os administradores de entidade, os procuradores com poderes de gestão, os membros de conselhos estatutários, o interventor e o liquidante responderão civilmente pelos danos ou prejuízos que causarem, por ação ou omissão, às entidades de previdência complementar.

Parágrafo único. São também responsáveis, na forma do caput, os administradores dos patrocinadores ou instituidores, os atuários, os auditores independentes, os avaliadores de gestão e outros profissionais que prestem serviços técnicos à entidade, diretamente ou por intermédio de pessoa jurídica contratada.

Art. 64. O órgão fiscalizador competente, o Banco Central do Brasil, a Comissão de Valores Mobiliários ou a Secretaria da Receita Federal, constatando a existência de práticas irregulares ou indícios de crimes em entidades de previdência complementar, noticiará ao Ministério Público, enviando-lhe os documentos comprobatórios.

Parágrafo único. O sigilo de operações não poderá ser invocado como óbice à troca de informações entre os órgãos mencionados no caput, nem ao fornecimento de informações requisitadas pelo Ministério Público.

Art. 65. A infração de qualquer disposição desta Lei Complementar ou de seu regulamento, para a qual não haja penalidade expressamente cominada, sujeita a pessoa física ou jurídica responsável, conforme o caso e a gravidade da infração, às seguintes penalidades administrativas, observado o disposto em regulamento:

I - advertência;

II - suspensão do exercício de atividades em entidades de previdência complementar pelo prazo de até cento e oitenta dias;

III - inabilitação, pelo prazo de dois a dez anos, para o exercício de cargo ou função em entidades de previdência complementar, sociedades seguradoras, instituições financeiras e no serviço público; e

IV - multa de dois mil reais a um milhão de reais, devendo esses valores, a partir da publicação desta Lei Complementar, ser reajustados de forma a preservar, em caráter permanente, seus valores reais.

§ 1º A penalidade prevista no inciso IV será imputada ao agente responsável, respondendo solidariamente a entidade de previdência complementar, assegurado o direito de regresso, e poderá ser aplicada cumulativamente com as constantes dos incisos I, II ou III deste artigo.

§ 2º Das decisões do órgão fiscalizador caberá recurso, no prazo de quinze dias, com efeito suspensivo, ao órgão competente.

§ 3º O recurso a que se refere o parágrafo anterior, na hipótese do inciso IV deste artigo, somente será conhecido se for comprovado pelo requerente o pagamento antecipado, em favor do órgão fiscalizador, de trinta por cento do valor da multa aplicada.

§ 4º Em caso de reincidência, a multa será aplicada em dobro.

Art. 66. As infrações serão apuradas mediante processo administrativo, na forma do regulamento, aplicando-se, no que couber, o disposto na Lei nº 9.784, de 29 de janeiro de 1999.

Art. 67. O exercício de atividade de previdência complementar por qualquer pessoa, física ou jurídica, sem a autorização devida do órgão competente, inclusive a comercialização de planos de benefícios, bem como a captação ou a administração de recursos de terceiros com o objetivo de, direta ou indiretamente, adquirir ou conceder benefícios previdenciários sob qualquer forma, submete o responsável à penalidade de inabilitação pelo prazo de dois a dez anos para o exercício de cargo ou função em entidade de previdência complementar, sociedades seguradoras, instituições financeiras e no serviço público, além de multa aplicável de acordo com o disposto no inciso IV do art. 65 desta Lei Complementar, bem como noticiar ao Ministério Público.

CAPÍTULO VIII
DISPOSIÇÕES GERAIS

Art. 68. As contribuições do empregador, os benefícios e as condições contratuais previstos nos estatutos, regulamentos e planos de benefícios das entidades de previdência complementar não integram o contrato de trabalho dos participantes, assim como, à exceção dos benefícios concedidos, não integram a remuneração dos participantes.

§ 1º Os benefícios serão considerados direito adquirido do participante quando implementadas todas as condições estabelecidas para elegibilidade consignadas no regulamento do respectivo plano.

§ 2º A concessão de benefício pela previdência complementar não depende da concessão de benefício pelo regime geral de previdência social.

Art. 69. As contribuições vertidas para as entidades de previdência complementar, destinadas ao custeio dos planos de benefícios de natureza previdenciária, são dedutíveis para fins de incidência de imposto sobre a renda, nos limites e nas condições fixadas em lei.

§ 1º Sobre as contribuições de que trata o caput não incidem tributação e contribuições de qualquer natureza.

§ 2º Sobre a portabilidade de recursos de reservas técnicas, fundos e provisões entre planos de benefícios de entidades de previdência complementar, titulados pelo mesmo participante, não incidem tributação e contribuições de qualquer natureza.

Art. 70. (VETADO)

Art. 71. É vedado às entidades de previdência complementar realizar quaisquer operações comerciais e financeiras:

I - com seus administradores, membros dos conselhos estatutários e respectivos cônjuges ou companheiros, e com seus parentes até o segundo grau;

II - com empresa de que participem as pessoas a que se refere o inciso anterior, exceto no caso de participação de até cinco por cento como acionista de empresa de capital aberto; e

III - tendo como contraparte, mesmo que indiretamente, pessoas físicas e jurídicas a elas ligadas, na forma definida pelo órgão regulador.

Parágrafo único. A vedação deste artigo não se aplica ao patrocinador, aos participantes e aos assistidos, que, nessa condição, realizarem operações com a entidade de previdência complementar.

Art. 72. Compete privativamente ao órgão regulador e fiscalizador das entidades fechadas zelar pelas sociedades civis e fundações, como definido no art. 31 desta Lei Complementar, não se aplicando a estas o disposto nos arts. 26 e 30 do Código Civil e 1.200 a 1.204 do Código de Processo Civil e demais disposições em contrário.

Art. 73. As entidades abertas serão reguladas também, no que couber, pela legislação aplicável às sociedades seguradoras.

Art. 74. Até que seja publicada a lei de que trata o art. 5º desta Lei Complementar, as funções do órgão regulador e do órgão fiscalizador serão exercidas pelo Ministério da Previdência e Assistência Social, por intermédio, respectivamente, do Conselho de Gestão da Previdência Complementar (CGPC) e da Secretaria de Previdência Complementar (SPC), relativamente às entidades fechadas, e pelo Ministério da Fazenda, por intermédio do Conselho Nacional de Seguros Privados (CNSP) e da Superintendência de Seguros Privados (SUSEP), em relação, respectivamente, à regulação e fiscalização das entidades abertas.

Art. 75. Sem prejuízo do benefício, prescreve em cinco anos o direito às prestações não pagas nem reclamadas na época própria, resguardados os direitos dos menores dependentes, dos incapazes ou dos ausentes, na forma do Código Civil.

Art. 76. As entidades fechadas que, na data da publicação desta Lei Complementar, prestarem a seus participantes e assistidos serviços assistenciais à saúde poderão continuar a fazê-lo, desde que seja estabelecido um custeio específico para os planos assistenciais e que a sua contabilização e o seu patrimônio sejam mantidos em separado em relação ao plano previdenciário.

§ 1º Os programas assistenciais de natureza financeira deverão ser extintos a partir da data da publicação desta Lei Complementar, permanecendo em vigência, até o seu termo, apenas os compromissos já firmados.

§ 2º Consideram-se programas assistenciais de natureza financeira, para os efeitos desta Lei Complementar, aqueles em que o rendimento situa-se abaixo da taxa mínima atuarial do respectivo plano de benefícios.

Art. 77. As entidades abertas sem fins lucrativos e as sociedades seguradoras autorizadas a funcionar em conformidade com a Lei nº 6.435, de 15 de julho de 1977, terão o prazo de dois anos para se adaptar ao disposto nesta Lei Complementar.

§ 1º No caso das entidades abertas sem fins lucrativos já autorizadas a funcionar, é permitida a manutenção de sua organização jurídica como sociedade civil, sendo-lhes vedado participar, direta ou indiretamente, de pessoas jurídicas, exceto quando tiverem participação acionária:

I - minoritária, em sociedades anônimas de capital aberto, na forma regulamentada pelo Conselho Monetário Nacional, para aplicação de recursos de reservas técnicas, fundos e provisões;

II - em sociedade seguradora e/ou de capitalização.

§ 2º É vedado à sociedade seguradora e/ou de capitalização referida no inciso II do parágrafo anterior participar majoritariamente de pessoas jurídicas, ressalvadas as empresas de suporte ao seu funcionamento e as sociedades anônimas de capital aberto, nas condições previstas no inciso I do parágrafo anterior.

§ 3º A entidade aberta sem fins lucrativos e a sociedade seguradora e/ou de capitalização por ela controlada devem adaptar-se às condições estabelecidas nos §§ 1º e 2º, no mesmo prazo previsto no caput deste artigo.

§ 4º As reservas técnicas de planos já operados por entidades abertas de previdência privada sem fins lucrativos, anteriormente à data de publicação da Lei nº 6.435, de 15 de julho de 1977, poderão permanecer garantidas por ativos de propriedade da entidade, existentes à época, dentro de programa gradual de ajuste às normas estabelecidas pelo órgão regulador sobre a matéria, a ser submetido pela entidade ao órgão fiscalizador no prazo máximo de doze meses a contar da data de publicação desta Lei Complementar.

§ 5º O prazo máximo para o término para o programa gradual de ajuste a que se refere o parágrafo anterior não poderá superar cento e vinte meses, contados da data de aprovação do respectivo programa pelo órgão fiscalizador.

§ 6º As entidades abertas sem fins lucrativos que, na data de publicação desta Lei Complementar, já vinham mantendo programas de assistência filantrópica, prévia e expressamente autorizados, poderão, para efeito de cobrança, adicionar às contribuições de seus planos de benefícios valor destinado àqueles programas, observadas as normas estabelecidas pelo órgão regulador.

§ 7º A aplicabilidade do disposto no parágrafo anterior fica sujeita, sob pena de cancelamento da autorização previamente concedida, à prestação anual de contas dos programas filantrópicos e à aprovação pelo órgão competente.

§ 8º O descumprimento de qualquer das obrigações contidas neste artigo sujeita os administradores das entidades abertas sem fins lucrativos e das sociedades seguradora e/ou de capitalização por elas controladas ao Regime Disciplinar previsto nesta Lei Complementar, sem prejuízo da responsabilidade civil por danos ou prejuízos causados, por ação ou omissão, à entidade.

Art. 78. Esta Lei Complementar entra em vigor na data de sua publicação.

Art. 79. Revogam-se as , e nº .

Brasília, 29 de maio de 2001; 180º da Independência e 113º da República.

FERNANDO HENRIQUE CARDOSO
José Gregori
Pedro Malan
Roberto Brant

Mensagem nº 494, de 29 de maio de 2001

Senhor Presidente do Senado Federal,

Comunico a Vossa Excelência que, nos termos do parágrafo 1º do artigo 66 da Constituição Federal, decidi vetar parcialmente, por contrariar o interesse público, o Projeto de Lei nº 10, de 1999-Complementar (nº 63/99-Complementar no Senado Federal), que "Dispõe sobre o Regime de Previdência Complementar e dá outras providências".

Ouvido, o Ministério da Previdência e Assistência Social assim se manifestou quanto aos dispositivos a seguir vetados:
Incisos I e II do parágrafo único do art. 48
"Art. 48. ...
Parágrafo único. ...
I - a extinção de patrocinador ou instituidor, tratando-se de entidades singulares;
II - a perda do objeto para o qual obteve a autorização de funcionamento; e
..."

Razões do veto
"O inciso III do parágrafo único em causa consiste em cláusula aberta que remete ao órgão regulador e fiscalizador o estabelecimento das condições mínimas a serem observadas para o funcionamento de entidade de previdência complementar.

Em assim sendo, a boa técnica legislativa aponta à desnecessidade de a lei complementar explicitar outras condições, porquanto - existente a cláusula aberta - as condições específicas pontualmente indicadas pelo órgão regulador e fiscalizador devem estar em um mesmo grau hierárquico e compendiadas em um mesmo diploma normativo.

Ressalte-se que o veto aos incisos I e II não impedem que o órgão regulador e fiscalizador adote, como condições mínimas para o funcionamento de entidade de previdência complementar, aquelas constantes dos dispositivos ora vetados."

O Ministério da Fazenda acrescentou veto ao dispositivo a seguir vetado:
Art. 70
"Art. 70. Os investimentos e os rendimentos provenientes das aplicações dos recursos das reservas técnicas, provisões e fundos, constituídos com recursos das contribuições e que garantam os benefícios, poderão ser incentivados, na forma da lei, e deverão ter a tributação diferida em relação ao imposto sobre a renda."

Razões do veto
"Acreditamos que a proposição do diferimento do imposto de renda neste artigo poderá levar a interpretação dúbia, na medida em que se entenda que o referido diferimento aplique-se não apenas aos benefícios ou resgates recebidos, como também aos investimentos e aos rendimentos provenientes das aplicações dos recursos das reservas técnicas, provisões e fundos constituídos com recursos das contribuições.

Ademais, não há porque versar a matéria em questão no seio de lei complementar, mesmo porque a sanção presidencial, no particular, poderia ser interpretada como anuência do Poder Executivo a eventual – e desarrazoada – tese no sentido de que a matéria toca àquela espécie legislativa."

A lei complementar não é a norma própria para dispor sobre o tratamento a ser dispensado aos Fundos de Pensão, mormente quando fere questões que se inscrevem no domínio da legislação isencional.

Isto posto, estou nesta oportunidade determinando ao Ministro da Fazenda que elabore, no mais breve prazo possível, através do apropriado ato normativo a ser submetido ao Congresso Nacional, que disponha sobre o adequado tratamento tributário a ser conferido aos Fundos de Pensão, porquanto representam instituições indispensáveis à constituição da poupança nacional e, por conseguinte, merecem atenção prioritária e diferenciada, particularmente no que diz respeito ao diferimento da tributação em relação ao imposto de renda, comparativamente a outras formas de captação e investimento.

Estas, Senhor Presidente, as razões que me levaram a vetar os dispositivos acima mencionados do projeto em causa, as quais ora submeto à elevada apreciação dos Senhores Membros do Congresso Nacional.

Brasília, 29 de maio de 2001.

Projeto de Lei Complementar nº 9-a, de 1999

Substitutivo aprovado, e os destaques ao PLP 09/99
(Plenário da Câmara dos Deputados – continuação da votação dos Destaques)

No final do ano passado (28/11/2000), o Plenário da Câmara dos Deputados, aprovou o texto principal, e mais 04 destaques dos 13 apresentados. Estão pendentes de votação, mais 09 destaques, dos quais o de nº 10, apresentado pelo PPB, fruto do trabalho da AMB.

Abaixo, o substitutivo aprovado e as devidas alterações oferecidas ao texto pelo votação dos destaques.

Substitutivo do deputado Robson Tuma, aprovado em 28/11/00

Dispõe sobre as normas gerais para a instituição de regime de previdência complementar pela União, pelos Estados, pelo Distrito Federal e pelos Municípios

Art. 1º Fica disciplinada por esta Lei Complementar, nos termos dos §§ 14, 15 e 16 do art. 40 da Constituição Federal, a instituição de regime de previdência complementar pela União, Estados, Distrito Federal e Municípios, para atender aos seus servidores titulares de cargo efetivo.

Art. 2º Para os efeitos desta Lei Complementar, considera-se:

I - patrocinador: a União, os Estados, o Distrito Federal ou os Municípios, incluídas suas autarquias e fundações, que instituam planos de benefícios de caráter previdenciário, para os seus servidores titulares de cargo efetivo;

II - participante: servidor titular de cargo efetivo que aderir aos planos de benefícios.

Art. 3º A União, os Estados, o Distrito Federal ou os Municípios, ao instituírem regime de previdência complementar para os seus respectivos servidores titulares de cargo efetivo, poderão fixar, para o valor das aposentadorias e pensões a serem concedidas pelo regime de que trata o art. 40 da Constituição Federal, o imite máximo estabelecido para os benefícios do Regime Geral da Previdência Social, aplicável imediatamente a todos os servidores admitidos após a instituição do regime de que trata esta Lei Complementar e, mediante prévia e expressa opção, aos demais servidores, sendo observado, para os não optantes, o § 3º do art. 40 da Constituição Federal.

Situação do Destaque
O DVS nº 01 (PFL) pretendia substituir a redação do art. 3º pela redação do art. 3º da Emenda 50 (Aleluia), que foi rejeitado.
Foi incluída, no final do caput da art. 3º do texto, a expressão negritada à esquerda.
Fruto do DVS nº 02 (PMDB)

§ 1º Instituído o regime referido no *caput* com o estabelecimento de limite para o valor das aposentadorias e pensões do regime de que trata o art 40 da Constituição Federal, é vedada a cobrança de contribuição, para esse regime, sobre base de cálculo que exceda aquele limite.

§ 2º Somente mediante prévia e expressa opção, poderá o servidor titular de cargo efetivo aderir ao regime de que trata esta Lei Complementar.

§ 3º O aporte de recursos da União, Estados, Distrito Federal e Municípios, na qualidade de patrocinadora, á entidade fechada de previdência complementar corresponderá ao valor da contribuição do participante.

§ 4º A alíquota de contribuição previdenciária dos servidores que não exerçam a opção prevista no "caput" não poderá exceder a maior alíquota que for fixada, observados critérios de equilíbrio financeiro e atuarial, para os segurados empregados do regime geral de previdência social.
Situação do Destaque
Incluiu § da Emenda 57, que passa ter a redação de § 4º do art. 3º, com a redação negritada à esquerda. DVS nº 03 (PMDB).

Art. 4º As regras e princípios gerais estabelecidos pelas Leis Complementares que regulam o art. 202 da Constituição Federal aplicam-se às entidades reguladas pela presente Lei Complementar, obedecidas as seguintes disposições:
Situação do Destaque
O DVS nº 04 (PT), pretendia suprimir o inciso art. 4º do texto aprovado, mas foi rejeitado.

I - utilização, exclusivamente, de plano de benefícios na modalidade de contribuição definida, com remuneração das reservas, durante o período de contribuição, determinada pela rentabilidade dos respectivos recursos garantidores, nos termos de regulamentação estabelecida pela autoridade competente na forma da lei;
Situação do Destaque
O DVS nº 05 (PSB/PCdoB), pretende suprimir o inciso I do art. 4º do texto aprovado.
O DVS nº 06 (PDT) pretende suprimir a expressão "exclusivamente", constante do inciso I do art. 4º do texto aprovado.
O DVS nº 07 (PT) pretende suprimir a expressão "na modalidade de contribuição definida", constante do inciso I do art. 4º do texto aprovado.

II - quando da concessão do benefício de aposentadoria, manutenção das reservas do patrocinado na própria entidade, sob a forma de renda mensal vitalícia, calculada com base na reserva acumulada até a data de concessão do benefício, na forma definida pelo órgão regulador e fiscalizador das entidades fechadas de previdência complementar; ou compra de renda mensal vitalícia em entidade aberta de previdência complementar ou sociedade seguradora, de livre escolha do participante, mediante portabilidade das respectivas reservas individuais acumuladas;
Situação do Destaque
O DVS nº 08 (PT) pretende suprimir o inciso II do art. 4º do texto aprovado.

III- utilização de percentual da contribuição para Cobertura de seguro para custeio de benefício de invalidez permanente e pensão por morte, a ser oferecido pela própria entidade fechada ou por entidade aberta ou sociedade seguradora, definido pelo órgão regulador e fiscalizador das entidades fechadas de previdência complementar.

Parágrafo único. As sociedades seguradoras mencionadas nos incisos II e III são aquelas autorizadas a operar exclusivamente no ramo vida, nos termos da regulamentação do regime de previdência complementar.

Art. 5º Lei federal, estadual, do Distrito Federal ou municipal poderá instituir o regime de previdência complementar para seus respectivos servidores titulares de cargo efetivo, por intermédio de entidade fechada de previdência complementar, definindo os critérios e as normas indispensáveis à implantação dos respectivos planos de benefícies, observadas as bases técnicas e os regulamentos estabelecidos pelo órgão regulador e fiscalizador.

Situação do Destaque
O DVS nº 09 (PMDB) destaca a Emenda nº 54 que tem a seguinte redação:
Troca a expressão: " ... por intermédio de uma entidade fechada de previdência complementar ...":
Constante do art. 5º do substitutivo, por:
"... por intermédio de uma ou mais entidades fechadas de previdência complementar ..."

§ 1º O funcionamento dos respectivos planos de benefícios dever á ser previa mente autorizado pelo órgão regulador e fiscalizador de que trata º *caput*.

§ 2º Lei especifica que institua o regime de previdência complementar na União, nos Estados, no Distrito Federal ou nos Municípios, incluídas suas autarquias e fundações, poderá facultar a adesão de empregado público, observado o disposto no § 3º do art. 202 da Constituição Federal.

Situação do Destaque
O DVS nº 10 (PPB) destaca a Emenda nº 48, que tem a seguinte redação:
Art. 5º ...
§ 5º A aposentadoria dos membros do Poder Judiciário e a pensão de seus dependentes serão regidas, na forma do artigo 93, VI, por lei complementar de iniciativa do Supremo Tribunal Federal, observado o disposto no artigo 40 da Constituição Federal.

Art. 6º Para implementação do regime de previdência complementar no âmbito da União, dos Estados, do Distrito Federal ou dos Municípios, incluídas em cada caso suas autarquias e fundações, haverá apenas uma entidade fechada de previdência complementar para cada ente federativo e para a União.

§ 1º Fica autorizada a adesão de Estados, do Distrito Federal ou de Municípios às entidades fechadas multipatracinadas, para implementação do regime de previdência de que trata o *caput* vedado o estabelecimento de solidariedade.

§ 2º Ficam mantidas as entidades fechadas de previdência Complementar patrocinadas por órgãos ou entidades públicas existentes até a data da publicação da presente Lei Complementar.

§ 3º Na hipótese do parágrafo anterior, cs planos de benefícios serão considerados em extinção, vedada a adesão de novos participantes.

§ 4º Extintos os planos de benefícios na forma do parágrafo anterior, e honrados todos os compromissos, o patrimônio remanescente será revertido ao respectivo ente patrocinador.

Situação do Destaque
O DVS nº 11 (PMDB) pretende suprimir do art. 6º, o caput, e seus §§ 3º e 4º do texto, permanecendo os parágrafos 1º e 2º do art. 6º, como parágrafos do art. 5º.

Art. 7º O regime de previdência complementar de que trata a presente Lei Complementar garantirá aos participantes, por intermédio de seus planos de benefícios, no mínimo, aposentadoria e pensão.
Situação do Destaque
O DVS 12 (PSDB) destaca o art. 7º da Emenda 50, para substituir pelo art. 7º do texto, que fica com a seguinte redação:
Art. 7º O regime de previdência complementar de que trata a presente Lei Complementar garantirá aos participantes, por intermédio de seus planos de benefícios, no mínimo, aposentadoria e pensão, que terá caráter contributivo, observados os critérios que preservem seu equilíbrio financeiro e atuarial.
Parágrafo único. Sem prejuízo do disposto no art. 40, o regime de previdência complementar de que trata esta Lei Complementar assegurará aos participantes pelo menos um plano de benefício que contemple os mesmos benefícios de renda programada e continuada oferecidos pelo regime a que se refere o art. 40 da Constituição Federal, sendo vedada a vinculação dos valores desses benefícios à remuneração do cargo efetivo ocupado pelo participante.
Situação do Destaque
O DVS nº 13 (PPS) quer suprimir a expressão "... sendo vedada a vinculação dos valores desses benefícios à remuneração do cargo efetivo ocupado pelo participante ...", constante do parágrafo único do art. 7º do texto.
Art. 8º A base de cálculo da contribuição dos participantes e dos patrocinadores será a remuneração que se situe entre o valor estabelecido como limite máximo dos benefícios do Regime Geral de Previdência Social e o valor fixado no inciso XI do art. 37 da Constituição Federal.
§ 1º A entidade fechada de previdência complementar manterá controle das reservas constituídas em nome do participante, individualizando e registrando contabilmente as suas contribuições e as do patrocinador.
§ 2º Desde que previamente estabelecidas as regras correspondentes e sem contrapartida do patrocinador:
I - os participantes poderão contribuir, facultativamente, sobre base de cálculo que exceda a prevista no *caput;*
II — será admitida a contribuição facultativa de participantes com remuneração inferior ao limite máximo para os benefícios do Regime Geral de Previdência Social.
Art. 9º Desde que assuma as contribuições de responsabilidade do patrocinador, além das suas próprias, e a despesa administrativa correspondente, é facultado%o participante o direito à permanência no plano de benefícios quando desligado do patrocinador antes da aquisição de direito a benefício que seja de prestação programada e continuada.
Art. 10. As contribuições do órgão público, os benefícios e as condições contratuais previstas nos estatutos e regulamentos dos planos de benefícios das entidades fechadas de previdência complementar não integram a relação jurídica de trabalho estabelecida entre o participante e o patrocinador da entidade, bem como não integram a remuneração do servidor titular de cargo efetivo, para todos os fins de direito.
Parágrafo único. A falta de repasse pelo órgão público das contribuições do patrocinador e do participante, bem como a utilização dos recursos respectivos

em desacordo com a legislação, constitui ato de improbidade administrativa, punível na forma da lei, sem prejuízo das sanções civis e penas cabíveis.

Art. 11. As entidades fechadas de previdência complementar de que trata a presente Lei Complementar farão publicar anualmente, em órgão oficial de imprensa, os demonstrativos contábeis, financeiros, atuarias e de benefícios, sem prejuízo da divulgação aos participantes, observadas as normas estabelecidas pelo órgão regulador e fiscalizador.

Art. 12. É vedada a utilização de recursos garantidores das reservas técnicas das entidades de previdência complementar, a que se refere esta Lei Complementar, para empréstimos e financiamentos de qualquer natureza inclusive à União, Estados, Distrito Federal, Municípios e suas entidades da administração indireta, bem, como para empréstimos a participantes ou assistidos.

Parágrafo único. O disposto no *caput* não se aplica no caso de operações com títulos públicos de emissão do governo federal.

Art. 13. Os recursos do fundo de investimento especialmente constituído, na hipótese de serem investidos em títulos públicos, somente poderão ser aplicados em títulos de emissão do governo federal, nos termos de regulamentação estabelecida pela autoridade competente na forma da lei.

Parágrafo único. E vedada ás entidades fechadas de previdência complementar aplicar recursos no exterior.

Art. 14. O serviço passado do servidor titular de cargo efetivo já em exercício á data de instituição do regime complementar que exerceu a opção prevista no *caput* ou no § 2º do art. 3º corresponderá a um benefício proporcional diferido, a ser pago pelo ente público, quando do cumprimento dos requisitos para concessão de benefício de aposentadoria, inclusive por invalidei permanente, e pensão por morte.

§ 1º Ë facultado ao ente público desincumbir-se do encargo mencionado no *caput* mediante o aporte de reserva, atuarialmente calculada, que deverá ser integralizada junto à entidade fechada de previdência complementar até a data da concessão do benefício.

§ 2º Entende-se por serviço passado, para os fins deste artigo, o tempo de serviço anterior à adesão ao regime de previdência complementar, inclusive em atividade privada, vinculada ao regime geral de previdência social, desde que devidamente averbado no órgão competente.

Art. 15. A infração a qualquer disposição desta Lei Complementar ou a seu regulamento, a ser editado pelo Poder Executivo, para a qual não haja penalidade expressamente confinada sujeita à pessoa física ou jurídica responsável às penalidades previstas na Lei Complementar que disciplina o *caput* do art. 202 da Constituição Federal.

Art. 16. Esta Lei Complementar entra em vigor na data da sua publicação.

DESTAQUE DE BANCADA – PPB Nº 10

Destaque da Emenda de Plenário nº 48, apresentada pelo deputado Ibrahim Abi-Ackel (PPB/MG).

Inclua-se novo § 5º ao art. 5º da Emenda Substitutiva Global

"Art. 5º ...

§ 5º .A aposentadoria dos membros do Poder Judiciário e a pensão de seus dependentes serão regidas, na forma do art. 93, inciso VI, por Lei Complementar de iniciativa do Supremo Tribunal Federal, observado o disposto no art. 40 da Constituição Federal."

JUSTIFICAÇÃO

A CF, em seu art. 93, inciso VI, determina expressamente que a aposentadoria dos membros do Poder Judiciário e a pensão de seus dependentes serão regidas pelo Estatuto da Magistratura, disposto por lei complementar de iniciativa privativa do Supremo Tribunal Federal, observada a regra do art. 40 da mesma carta.

O § ora proposto resguarda a iniciativa privativa do Supremo Tribunal Federal para propor a apreciação do Congresso Nacional a lei complementar de que trata a CF, nela contemplado, por expressa disposição constitucional, o regime previdenciário dos membros do Poder Judiciário, com as diretrizes do referido art. 40, tudo como dispõe o art. 93, VI, já citado.

Evita-se, destarte, o que resultaria em clara inconstitucionalidade por vício de iniciativa, que, ao menos no que concerne ao Poder Judiciário, é privativa do Supremo Tribunal Federal em face da cristalina disposição constitucional a respeito e do princípio da separação dos Poderes, afirmado, nesse particular, pela norma constitucional do art. 93, VI.

Sala das Sessões, 22 de novembro de 2000.

Odelmo Leão – Líder do PPB

OBS: Além dos destaques, existe uma emenda aglutinativa da oposição (de iniciativa do PDT), que pretende, além dos membros do Poder Judiciário, especificar que não é da competência do Executivo elaboração de leis que disponham sobre aposentadoria do Ministério Público.

Texto da Emenda:
Propõe Emenda Aglutinativa, resultante da fusão da Emenda nº 48 de autoria do deputado Ibrahim Abi-Ackel, com o texto do art. 5º da referida Subemenda, para incluir o seguinte parágrafo. 5º:
Art. 5º ...
§ ... A aposentadoria dos membros do Poder Judiciário e do Ministério Público, bem como a pensão de seus dependentes serão regidas, respectivamente, para o Poder Judiciário, na forma do art. 93, inciso VI, por Lei Complementar de iniciativa do Supremo Tribunal Federal e para o Ministério Público por lei de iniciativa do Procurador-Geral da República e dos Procuradores-Gerais, observado o disposto noa art. 40 da Constituição Federal.

Brasília, julho de 2001.

TEXTOS SUPRIMIDOS OU VERSÃO DE TEXTOS
QUE FORAM MODIFICADOS

PRIMEIRA ALTERAÇÃO
"Art. 3º. ... , sendo observado, para os não optantes, o § 3º do art. 40 da Constituição Federal." (inclusão no texto) (dvs nº2 PMDB – 29.11.2000)

SEGUNDA ALTERAÇÃO
"Art. 3º. ...
§ 3º. A alíquota de contribuição previdenciária dos servidores que não exerçam a opção prevista no *caput* não poderá exceder a maior alíquota que for fixada, observados critérios de equilíbrio financeiro e atuarial, para os segurados empregados do regime geral de previdência social.
..." (inclusão no texto) (dvs nº 3 PMDB – 29.11.2000)

TERCEIRA ALTERAÇÃO
"Art. 4º. ...
I - ... ,exclusivamente, ..." (vocábulo suprimido) (dvs nº 6 PDT – pendente de votação)

QUARTA ALTERAÇÃO
"Art. 5º. ... por intermédio de entidade fechada de previdência complementar ..." (expressão substituída) (dvs nº 9 PMDB – 29.08.2001)

QUINTA ALTERAÇÃO
"Art. 5º. ...
§ 5º. A aposentadoria dos membros do Poder Judiciário e do Ministério Público, bem como a pensão de seus dependentes serão regidas, respectivamente, para o Poder Judiciário, na forma do art. 93, inciso VI, por Lei Complementar de iniciativa do Supremo Tribunal Federal e para o Ministério Público, por lei de iniciativa do Procurador-Geral e dos Procuradores-Gerais, observado o disposto no art. 40 da Constituição Federal." (inclusão no texto) (dvs nº 10 PPB emenda aglutinativa nº 1 – pendente de votação)

SEXTA ALTERAÇÃO
"Art. 6º. Para implementação do regime de previdência complementar no âmbito da União, dos Estados, do Distrito Federal ou dos Municípios, incluídas em cada caso suas autarquias e fundações, haverá apenas uma entidade fechada de previdência complementar para cada ente federativo e para a União.
§ 3º. Na hipótese do parágrafo anterior, os planos de benefícios serão considerados em extinção, vedada a adesão de novos participantes.
§ 4º. Extintos os planos de benefícios na forma do parágrafo anterior, e honrados os compromissos, o patrimônio remanescente será revertido ao respectivo ente patrocinador." (dispositivos suprimidos) (dvs nº 11 PMDB – 29.08.2001)

SÉTIMA ALTERAÇÃO
"**Art. 7º.** ...
Parágrafo único. .... sendo vedada a vinculação dos valores desses benefícios à remuneração do cargo efetivo ocupado pelo participante." (expressão suprimida – parte final do parágrafo) (dvs nº 13 PPS – 29.08.2001).

Impressão:
Editora Evangraf
Rua Waldomiro Schapke,77 - P. Alegre, RS
Fone: (51) 3336-2466 - Fax: (51) 3336-0422
E-mail: evangraf@terra.com.br